Andreas Bredenkamp

Das Ernährungssystem

für Fitneß und Gesundheit

Eine praktische Anleitung mit Rezepten

248 Rezepte, 15 farbige Abbildungen

Fitness-Contur-Verlag 1992

Für die vielen schönen Rezepte bedanke ich mich bei Karen Ignatius.

ISBN-3-928148-03-6

2., grundlegend veränderte und ergänzte Auflage des Diätsystems für Freizeit- und Leistungssportler, 1992
Gerichte Karen Ignatius, Bünde
Satz und Layout Art Bureau, Frank Felicetti, Bünde
Umschlaggestaltung Kirsten Foerster, Düsseldorf
Frank Felicetti, Bünde
Fotos Michael Tiemann, Fotodesigner, Bünde
Lithos D & D, Bad Oeynhausen
Druck Partner für Print und Kommunikation GmbH, Bielefeld

INHALT

ERNÄHRUNG BEWUSSTMACHEN

Der Schlüssel zu einer persönlich richtigen Ernährung liegt in einer abwechslungsreichen Nahrungswahl. Dieses Ziel verfolgt auch das von Andreas Bredenkamp entworfene Ernährungssystem. Anders als bei exakt kalkulierten Menüvorschlägen und Tagesplänen werden hier keine starren Vorgaben gemacht. Solche Diäten sind selten flexibel genug, um persönliche Ernährungsziele zu verwirklichen. Das Ernährungssystem für Fitneß und Gesundheit ist dagegen in idealer Weise geeignet, sich die eigene Ernährung bewußtzumachen. Man wählt aus, ißt und genießt. Der anschließende Blick auf die Nährwertangaben ermöglicht quasi „spielerisch" Ernährungslernen. Ob die angestrebte Energiebilanz stimmt, zeigt die regelmäßige Kontrolle des Körpergewichtes. So bekommt man allmählich ein Gespür für das richtige Maß beim Essen, ganz gleich, ob Sie langsam abnehmen oder zunehmen wollen.

Prof. Dr. Michael Hamm

Ernährungswissenschaftler

Hamburg, im Frühjahr 1988

GLAUBEN SIE NOCH AN MÄRCHEN?

Die Geschichte vom „Fettwegschmelzen" und andere

Von „Tiefenwärme" haben Sie sicher schon gehört! Tiefenwärme ist toll! Sie legen sich entspannt auf eine Liege, werden schön warm eingepackt, und „schmelzen" dann Ihr Fett weg. Ja, Sie haben richtig gehört – „wegschmelzen". Zu diesem Zwecke gibt es neuerdings sogar einen Gürtel, den Sie abends vor dem Zubettgehen umlegen, und – na, Sie erraten es schon – morgens ist der Bauch weg. Hervorragend! Aber wenn das alles doch so einfach ist, einen Gürtel umlegen und sein Fett wegschmelzen, dann fragt man sich, warum überhaupt noch jemand mit einem Gramm Fett zuviel herumläuft? Macht Sie das nicht auch stutzig?

Was passiert denn nun wirklich bei der „Tiefenwärme"? – Die Werbung verspricht – unter anderem –, aufgrund der Erhöhung der Temperatur werde der Stoffwechsel angeregt. Eine schwache Argumentation, bedenkt man, daß Sie den Stoffwechsel auch schon anregen, wenn Sie morgens die Augen aufschlagen. So richtig schlimm wird es aber erst, wenn Sie sich unter die Dusche stellen und gemeinerweise von „Warm" auf „Kalt" drehen. Das regt Ihren Stoffwechsel nicht nur an, das regt ihn schon fast auf. Ihre Traumfigur bekommen Sie unter der Dusche allerdings trotzdem nicht. Vorher wären Sie wahrscheinlich erfroren. Sie sehen, es gibt unzählige Möglichkeiten, den Stoffwechsel anzuregen, aber nicht alle machen schlank.

Sie haben die Tiefenwärme getestet und waren direkt nach der Behandlung schlanker? Zwei Zentimeter weniger an Beinumfang? Wie läßt sich das erklären? Nun, eines ist sicher: Sie schwitzen! Und was Sie herausgeschwitzt haben – Wasser natürlich, kein Fett –, das läßt sich anschließend in Zentimetern messen. Da haben Sie dann doch tatsächlich ein paar Zentimeter weniger Beinumfang. Zumeist sind die am nächsten Tag schon wieder drauf – und das hat dann nicht etwa an der Pizza vom letzten Abend gelegen.

Verstehen Sie mich bitte nicht falsch: es geht mir keinesfalls darum, Ihnen die Tiefenwärme zu vermiesen. Im Gegenteil, Tiefenwärme hat ihre Vorteile. Sie fördert die Durchblutung, entspannt, senkt den Muskeltonus nach Belastungen und beschleunigt so Regenerationsprozesse. Dagegen ist bestimmt nichts einzuwenden. Ebensowenig wie gegen regelmäßige Saunabesuche. Es ist nur eben falsch, anzunehmen, man würde in der Sauna schlank.

Vielleicht liebäugeln Sie aber auch noch mit der „Blitzdiät" oder der „7-Pfund-in-7-Tagen-Diät"? Ist Ihnen eigentlich aufgefallen, daß bei der letzteren Diät ein wichtiges Wort unterschlagen worden ist? 7 Pfund „Was" verlieren Sie denn in 7 Tagen? Fett sicher nicht, denn das wäre biologisch gar nicht möglich. Sie können pro Woche nicht mehr als ca. 1 bis 2 Pfund an Fett abnehmen. Folglich kann es sich nur um die „7-Pfund-**Gewicht**-in-7-Tagen-Diät" handeln, wovon ca. 5 bis 6 Pfund auf fettfreie Körpersubstanz entfallen müssen, sprich: Glykogen (die Speicherform des Zuckers), Mineralien, Eiweiß und Wasser. Fett verlieren Sie kaum. So wird allein durch das Fortlassen des kleinen Wörtchens „Fett" aus einer glatten Lüge zumindest eine halbe Wahrheit.

Tausendundeine Diät

Wir kennen sie: im Sommer die „Bikinidiät", im Winter die „Silvesterdiät" und für die Eiligen die „Blitzdiät" – der Einfallsreichtum der Illustrierten scheint unerschöpflich. Haben Sie sich bei der Flut von Diäten nicht auch schon einmal gefragt, warum es eigentlich am laufenden Bande neue Programme zum Abnehmen gibt? – Da können die alten anscheinend alle nichts getaugt haben. Richtiger wäre es auch, wenn Sie sich fragen würden, warum man den **alten** Diäten ständig **neue** Namen verpaßt. In der Tat lassen sich die vielen hundert Programme allesamt reduzieren auf ca. 10 bis 20 grundlegende Diätprinzipien. Eine Beurteilung dieser Prinzipien hat Professor Hamm, Ernährungswissenschaftler an der FH Hamburg, in unserem gemeinsamen Buch „Trainieren im Sportstudio" vorgenommen. Dabei schneiden die meisten ziemlich schlecht ab. Zwei Fehler beispielsweise haben sie alle: einen Anfang und ein Ende – oder möchten Sie bis ans Ende Ihrer Tage auf Kartoffeldiät sein? – Wahrscheinlich nicht! Wenn Sie aber das eigentliche Problem weniger im Abspecken der überschüssigen Pfunde sehen als vielmehr darin, die verlorenen Pfunde nach Beendigung der Diät nicht schon in Kürze wieder zuzunehmen, dann wissen Sie, daß konventionelle Diäten gerade hier versagen, vor allem die, die ihre Erfolge in völlig unrealistischen Zeitvorgaben versprechen – „7 Pfund in 7 Tagen". In der Regel verändern Sie im Anschluß an diese Diät Ihr Körpergewicht gleich noch einmal um 7 Pfund, nur leider in die entgegengesetzte Richtung. Mit anderen Worten: Sie haben die 7 Pfund genauso schnell wieder drauf, wie Sie sie loswaren, zumeist sogar noch etwas mehr. Sollte es tatsächlich etwas mehr sein, dann stehen Sie vor einem besonderen Problem. Professor Hamm beschreibt dieses Phänomen in seinem Buch

Dick durch Diät

Sie haben sich nicht verlesen – nicht schlank, nein – dick durch Diät. Wie es dazu kommt, lassen Sie mich kurz erläutern.

Auf eine Verringerung der Energiezufuhr reagiert Ihr Organismus – und zwar zuerst einmal mit Hunger. Unternehmen Sie nichts gegen Ihren Hunger, ist Ihr Körper keineswegs – wie Sie vielleicht glauben möchten – gezwungen, seine Energiereserven in Anspruch zu nehmen. Nein, Ihr Körper reagiert vielmehr mit einer Verlangsamung der Stoffwechselrate. Das heißt, er kocht auf Sparflamme. Es gibt Hungernde, die aufgrund dieser Schutzreaktion des Organismus irgendwann auch mit weniger als 1000 kcal nicht mehr abnehmen. Lassen Sie es besser nicht soweit kommen, denn damit hat der Teufelskreis „Dick durch Diät“ bereits begonnen: Ihr darniederliegender Stoffwechsel bleibt auch nach Beendigung Ihrer Diät darnieder liegen – und zwar bis zu drei Monate lang. Essen Sie jedoch wieder normal, sagen wir 2000 kcal pro Tag, bedeutet das für Ihre derzeitige Stoffwechselsituation rund 1000 kcal zuviel. In dieser Situation haben Sie nicht selten das Gefühl, eine Nudel nur scharf anschauen zu müssen, um davon dick zu werden.

Ob der Stoffwechsel tatsächlich in dieser Form reagiert, ist eine Theorie, die durchaus nicht unumstritten ist. Einige Ernährungswissenschafler führen die Gewichtszunahme im Anschluß an eine Diät in erster Linie auf die vermehrte Essenslust des Diätenden zurück. Dem kann das letztendlich jedoch egal sein, denn für ihn ist das Ergebnis das gleiche: Er nimmt genauso schnell zu wie er abgenommen hat, eventuell sogar noch etwas mehr. Untersuchungen haben ergeben, daß nur zehn bis zwanzig Prozent der Diätwilligen in der Lage sind, ihr reduziertes Körpergewicht nach Beendigung der Diät länger als ein Jahr zu halten. Der eigentliche Erfolg muß jedoch einzig und allein an seiner Langzeitwirkung gemessen werden, da insbesondere das ständige Auf und Ab mit dem Körpergewicht die Voraussetzung für das Phänomen „Dick durch Diät“ sein kann. Stehen Sie den vielen Diätversprechungen also lieber skeptisch gegenüber.

DER WEG ZU EINER GUTEN FIGUR

Wir sind uns also einig. Den einfachen Weg zum Erfolg gibt es nicht. Ob es sich um Tiefenwärme, Diäten, dubiose Gürtel, um „Fettabsaugen", Appetitzügler oder andere Pillen handelt, mehr als eine unterstützende Funktion kann all diesen Maßnahmen nicht zukommen. Der langfristige Erfolg ist nur erreichbar, wenn wir unsere Ernährungsgewohnheiten überdenken und dauerhaft verändern. Mit anderen Worten: Wir müssen essen lernen! Der erste Schritt in diese Richtung ist die Ermittlung der persönlichen Energiebilanz.

Schritt 1: Ermitteln Sie Ihre persönliche Energiebilanz

Gemeint ist das Gleichgewicht zwischen Kalorienaufnahme und -verbrauch. Dieser Wert kann von Person zu Person bis zu 30 Prozent variieren und muß deshalb individuell ermittelt werden. Dazu essen Sie über einen Zeitraum von zehn Tagen wie gewohnt, kontrollieren die Kalorienwerte jedoch mit Hilfe des nachfolgenden Rezeptteils. Nach zehn Tagen addieren Sie die von Ihnen ermittelten Kalorienwerte und teilen sie durch die Anzahl der Tage, in diesem Fall also durch zehn. Sie haben so den Mittelwert errechnet. Ist Ihr Körpergewicht innerhalb der zehn Tage konstant geblieben – von kleineren Gewichtsschwankungen einmal abgesehen –, dürfen Sie den errechneten Mittelwert als Ihre persönliche Energiebilanz zugrunde legen, die Ihnen nun als Ausgangspunkt für jegliche Veränderung des Körpergewichtes dient. Möchten Sie an Gewicht zunehmen, überschreiten Sie sie um ca. 500 kcal, möchten Sie abnehmen, bleiben Sie ca. 500 kcal darunter. Zur Veranschaulichung ist die Berechnung der Energiebilanz auf der folgenden Seite grafisch dargestellt.

Meine Energiebilanz bestimmen? – Vielleicht fragen Sie sich, ob der Aufwand sich lohnt. Während dieser zehn Tage mühseliger Rechnerei hat Ihr(e) Freund(in) durch seine (ihre) Superdiät schließlich schon zehn Pfund abgenommen. – Lassen Sie sich nicht beirren. Der Aufwand lohnt sich ganz bestimmt, denn wenn Sie anfangen abzunehmen, hat Ihr(e) Freund(in) seine (ihre) zehn Pfund schon wieder drauf. Aber Sie genießen noch einen weiteren wesentlichen Vorteil: Sie werden nämlich nicht einfach nur abnehmen, sondern Sie nehmen tatsächlich genau dort ab, wo das Fett sitzt – und damit auch an Ihren Problemzonen.

Tab. 1: Die Errechnung der persönlichen Energiebilanz

Datum	Eiweiß	KH	Fett	kcal	Körpergewicht
01. 01. 92				2850	70,2 ~ 70 kg
02. 01. 92				2410	70,4 ~ 70 kg
03. 01. 92				2540	70,1 ~ 70 kg
04. 01. 92				2820	69,7 ~ 70 kg
05. 01. 92				2450	70,2 ~ 70 kg
06. 01. 92				2140	69,7 ~ 70 kg
07. 01. 92				2720	70,5 ~ 70 kg
08. 01. 92				2680	70,7 ~ 70 kg
09. 01. 92				2490	70,1 ~ 70 kg
10. 01. 92				2750	69,7 ~ 70 kg
Gesamt	25850 : 10 = 2585 **(~2600 kcal)**				

Das Problem mit den Problemzonen

Damit wir uns nicht falsch verstehen: Sie können nicht – auch wenn damit immer wieder gern geworben wird – gezielt an Bauch, Po oder Beinen abnehmen, sondern Sie verlieren Fett grundsätzlich am ganzen Körper. Das ist jedenfalls der derzeitige Stand der Wissenschaft. Entscheidend ist vielmehr, daß Sie gezielt Fett abnehmen, statt fettfreies Gewebe abzuhungern. Dazu ein Beispiel:

Stellen Sie sich vor, Sie stehen auf Ihrer Waage und freuen sich, daß Sie fünf Kilo abgenommen haben. Durch einen Blick in den Spiegel müssen Sie jedoch ernüchtert feststellen, daß die fünf Kilo leider nicht dort verschwunden sind, wo Sie es gern gehabt hätten, nämlich an Bauch, Po und Beinen. Kennen Sie das? – Eine typische Erfahrung von Männern und Frauen, die ihr Gewicht über eine drastische Kalorieneinschränkung zu reduzieren versuchen. Ihr Körper gerät in Überlebensangst und greift nicht seine Überlebensration, das Fett an, sondern fettfreies Gewebe in Form von Glykogen (das ist die Speicherform des Zuckers), Mineralien, Eiweiß und Wasser. Es klingt vielleicht paradox, aber je weniger Sie essen, um so weniger Fett verlieren Sie. In einer Stellungnahme des American College of Sportsmedicine zu geeigneten und ungeeigneten Gewichtsreduzierungsprogrammen heißt es dazu:

Anhaltendes Fasten und Diätprogramme, die die Kalorienzufuhr strikt einschränken, bewirken einen hohen Verlust an Wasser, Elektrolyten, Mineralien, Glykogen und anderem fettfreien Gewebe (einschließlich Muskeleiweiß) bei minimalem Fettverlust. Sie sind vom wissenschaftlichen Standpunkt nicht empfehlenswert und können der Gesundheit schaden.

Ist das nicht niederschmetternd? Sie haben fünf Kilo abgenommen und sind „fetter“ als zuvor. Ihr Anteil an Körperfett ist nämlich, da Sie vor allem fettfreie Substanz abgehungert haben, gestiegen statt gesunken. Sie haben überall Substanz verloren, am wenigsten aber dort, wo Sie wollten: an Bauch, Po und Beinen. Das kann doch nicht wirklich Ihr Ziel sein! – Wenn Sie also nicht einfach nur Gewicht verlieren, sondern an Ihren Problemzonen gezielt Fett abnehmen möchten, dann lautet das oberste Gebot:

Hungern Sie nicht, wenn Sie abnehmen wollen

Im Gegenteil: Das Geheimnis, dem Fett – und damit seinen Problemzonen – gezielt zu Leibe zu rücken, lautet: Viel essen! – Lachen Sie nicht! Das ist Ernst. Es sollte nur eben minimal weniger sein, als Sie zur Aufrechterhaltung Ihres Körpergewichtes benötigen. Auch für diese Forderung finden wir eine Bestätigung in der Stellungnahme des American College of Sports Medicine zu geeigneten und ungeeigneten Gewichtsreduzierungsprogrammen:

Leichte Kalorieneinschränkungen (500 bis 1000 kcal weniger als die übliche Zufuhr pro Tag) bewirken einen geringeren Verlust an Wasser, Elektrolyten, Mineralien sowie anderem fettfreien Gewebe und führen damit nicht so schnell in den Zustand der Unterernährung.

Essen Sie also bitte nicht einfach nur wenig, sondern nur minimal weniger als Sie benötigen. – Aber was benötigen Sie? – Die Antwort auf diese Frage kann

Ihnen nur die Ermittlung Ihrer Energiebilanz liefern. Machen Sie sich also die Mühe und rechnen Sie sie aus. Es lohnt sich.

Es lohnt sich auch unter psychologischem Aspekt, denn senken Sie einfach nur die Kalorienzufuhr, verlieren Sie zwar an Gewicht, haben aber ständig Angst, wieder zuzunehmen, sobald Sie etwas mehr essen. Diese Furcht kann körperlich werden, so körperlich, daß Ihnen schlecht wird, wenn Sie nur an Essen denken. Damit wären Sie auf dem besten Wege zur Magersucht, die tödlich enden kann.

Schritt 2: Aktivieren Sie Ihren Stoffwechsel

Haben Sie Ihre Energiebilanz errechnet, können Sie Ihre Pfunde schwinden lassen. Allerdings nur, wenn Ihre Bilanz über 2000 kcal liegt. Es gibt tatsächlich Personen, die von weniger als 2000 kcal pro Tag leben, ohne an Gewicht zu verlieren. Zumeist haben diese Menschen bereits zahlreiche Diätversuche hinter sich. Hier ließe sich schon von „Diätgeschädigten" sprechen. Ein weiteres Senken der Kalorienzufuhr, eventuell auf 1000 oder gar noch auf 800 kcal, wäre nicht nur wenig erfolgversprechend, sondern auch gesundheitsgefährdend.

Liegt Ihre Energiebilanz bei 2000 kcal und darunter – das heißt, Sie essen pro Tag weniger als 2000 kcal, ohne an Gewicht zu verlieren, stehen Sie vor einem Problem. – Wie wollen Sie in diesem Fall zum einen ausreichend essen, um Ihren Organismus nicht in Überlebensangst zu versetzen, und zum anderen 500 bis 1000 kcal weniger zuführen als Sie brauchen. Das eine schließt das andere aus. Bei einer Kalorienbilanz von 2000 kcal und weniger dürfte Ihre Kalorienaufnahme nicht mehr als 1500 bis 1000 kcal betragen, und das wäre bereits zuwenig, um gezielt Fett abzunehmen. Hier hilft nur eins: statt runter mit den Kalorien hoch mit der Belastung.

Mehr bewegen statt weniger essen

Auch diese Forderung findet Unterstützung in der Stellungnahme des American College of Sportsmedicine:

Dynamisches Training großer Muskelgruppen hilft, das fettfreie Gewebe einschließlich Muskelmasse und Knochenfestigkeit zu erhalten, und bewirkt eine Gewichtsreduzierung. Gewichtsverluste, die durch eine Erhöhung des

Energieverbrauchs erreicht werden, sind in erster Linie auf eine Reduzierung des Körperfettes zurückzuführen.

Die Belastung zu erhöhen statt die Kalorien zu senken ist schon deshalb die günstigere Alternative, weil wir eigentlich nicht in erster Linie zuviel essen, sondern uns vielmehr für das, was wir essen, zuwenig bewegen. Doch Vorsicht! Eine Erhöhung der Belastung allein reicht häufig nicht aus. Steigern Sie nicht Ihre Trainingsbelastung ohne gleichzeitige Erhöhung der Kalorienzufuhr. Zum einen drohen Ihnen Mangelerscheinungen, und zum anderen laufen Sie Gefahr, daß Sie trotz hoher körperlicher Belastung bei einer Kalorienzufuhr von weniger als 1500 kcal nicht an Gewicht verlieren. – Warum? Sie trainieren Ihren Körper, bei geringer Energiezufuhr immer höhere Leistungen zu erbringen. Auf diese Weise kann es passieren, daß Sie den ganzen Tag lang Sport treiben, kaum etwas essen und trotzdem nicht abnehmen. Verhindern Sie das, indem Sie folgendermaßen vorgehen:

1. Treiben Sie Sport, und zwar unter Aufsicht eines Trainers. Erhöhen Sie dabei kontinuierlich die Belastung. Fahren Sie beispielsweise in jeder Trainingseinheit etwas länger Fahrrad.

2. Steigern Sie gleichzeitig Ihre Kalorienzufuhr. Rechnen Sie pro 10 Minuten Belastungssteigerung 100 Kalorien mehr. Geben Sie Ihrem Stoffwechsel eine Chance.

3. Beobachten Sie Ihr Körpergewicht. Eine plötzliche Gewichtszunahme von ein bis zwei Pfund sollten Sie gelassen hinnehmen. Es handelt sich hierbei nicht um Fett, sondern um fettfreie Substanz, zum Beispiel Glykogen und Wasser.

4. Setzen Sie sich das Ziel, bei über 2000 kcal Ihr Körpergewicht konstant zu halten. Eventuell reicht Ihnen die Stoffwechselaktivierung allein bereits aus. Andernfalls sind Sie in der Lage, mit einer Kalorienzufuhr, die Ihrer damaligen Energiebilanz entspricht, also mindestens 1500 kcal, Ihr Gewicht zu reduzieren.

Fett abnehmen, ohne an Gewicht zu verlieren?

Sollten Sie beginnen, Sport zu treiben, wählen Sie nicht die Waage als Maßstab für Ihren Erfolg. Es ist denkbar, daß Sie an Fett abnehmen, nicht aber an Gewicht. Die Begründung ist einfach: Durch Ihr Training verlieren Sie zwar Fett, bauen im Gegenzug jedoch Muskeln auf. Damit bleibt Ihr Körpergewicht konstant. Diese Version hat allerdings einen entscheidenden Vorteil. Da

Muskulatur schwerer ist als Fett, reduzieren Sie zwar nicht Ihr Gewicht, dafür aber Ihr Körpervolumen. Sie werden mit anderen Worten nicht leichter, dafür aber schlanker. Ihre Jeans aus längst vergangenen Zeiten paßt Ihnen plötzlich wieder. Machen Sie dazu einmal einen kleinen Test. Legen Sie ein Kilo reines Fett neben ein Kilo Filet. Nun sehen Sie deutlich, warum Sie schlanker werden können, ohne an Gewicht zu verlieren. In der Regel werden Sie jedoch mit dem Fett auch an Gewicht abnehmen. Ist es nicht das, was Sie eigentlich anstreben? Also, auf ins nächste Fitneßstudio und ein für allemal Schluß mit irgendwelchen Chaosdiäten.

Und nun zum dritten wichtigen Schritt auf Ihrem Weg zu einer guten Figur:

Schritt 3: Essen Sie nie konstant zuwenig

Wie bereits erläutert, reagiert Ihr Organismus auf Veränderungen der Energiezufuhr mit entsprechenden Veränderungen im Stoffwechsel, so beispielsweise auf eine strenge Kalorieneinschränkung mit einer Verlangsamung der Stoffwechselrate. Er kocht auf Sparflamme. Dieses Phänomen läßt sich übrigens in der Praxis recht anschaulich nachweisen:

Fragen Sie sich einmal, welcher Tag einer Diät der schwierigste ist? Sie meinen der erste? – Dann gehören Sie entweder zu den Hungerstrategen, die den zweiten Tag schon nicht mehr durchhalten – sonst wüßten Sie, das der noch schwerer fällt –, oder aber Sie haben schon einige Diäten durchgemacht, so daß Ihr Organismus bereits diättrainiert ist. Etwas locker ausgedrückt heißt das: wenn Sie Ihre siebte oder achte Diät in Angriff nehmen, dann sagt sich Ihr Organismus unter Umständen schon am ersten Tag, an dem es etwas weniger zu essen gibt: „Vorsichtig, anscheinend ist er wieder auf seinem Diät-Trip. Lieber sofort runter mit dem Stoffwechsel, damit wir nicht an unsere Überlebensreserven müssen."

Der dritte Tag

In der Regel wird der dritte Tag als der schlimmste angesehen. Das ist auch verständlich. Schließlich verfügen Sie am ersten Diättag noch über Reserven. Dagegen macht sich der Nahrungsentzug am zweiten Tag schon sehr nachdrücklich bemerkbar. Sie halten beide Tage tapfer durch. Am dritten Tag aber nagt der Hunger am eisernen Willen. Nun stellt sich die Frage, warum am vierten Tag der Hunger nicht mehr so groß ist? Schließlich ist der Nahrungsmangel größer als am dritten Tag. – Die Antwort liegt auf der Hand. Am vierten Tag hat sich der Organismus bereits darauf eingestellt, daß es nichts mehr zu essen gibt – oder sagen wir, zumindest zuwenig. Das heißt, Ihr Stoffwechsel hat sich auf die veränderte Situation eingestellt. Leider ist dieser Tag für die Reduzierung Ihres Körpergewichtes nun aber auch bei weitem nicht mehr so effektiv.

Für dieses Phänomen lassen sich übrigens interessante Parallelen innerhalb anderer Anpassungsmechanismen unseres Körpers finden. So erleben Sie Ähnliches beim Skilaufen. Am dritten Tag befinden Sie sich in einem Leistungstief. Ihr Körper braucht drei Tage, um sich an die Höhenverhältnisse anzupassen. Ein anderes Beispiel: Sie kehren aus Amerika zurück. Am dritten Tag fühlen Sie sich völlig schlapp. Solange braucht Ihr Organismus, um seinen Biorhythmus umzustellen. In Übereinstimmung mit diesen Anpassungsmechanismen des Körpers verwundert es nicht, wenn der Organismus ebenso in der Lage ist, sich darauf einzustellen, daß es weniger zu essen gibt. Die Folge: Sie nehmen nicht mehr oder zumindest nicht mehr wirkungsvoll ab. Schade eigentlich, wo das Fasten doch gerade anfing, nicht mehr schwerzufallen.

In dieser Situation läßt sich immer wieder ein häufiger Fehler beobachten: das Hungern fällt nicht mehr so schwer, also wird noch etwas weniger gegessen, um die Traumfigur schneller zu erreichen. Das Ergebnis: der Stoffwechsel geht völlig in die Knie. Sie können sich auf diese Weise in eine Situation hineinmanövrieren, in der Sie selbst mit 1000 bis 800 kcal nicht mehr abnehmen. Und was machen Sie jetzt? – An die verbleibenden Fettpölsterchen kommen Sie nun überhaupt nicht mehr heran. Um diesem unerwünschten Effekt vorzubeugen, sollten Sie nicht über längere Zeit konstant zuwenig essen, sondern grundsätzlich Tage einlegen, an denen Sie bewußt viel essen. Sie gehen in diesem Fall nach der sogenannten Intervallmethode vor.

Die Intervallmethode

Es hat sich nach meinen Erfahrungen als günstig erwiesen, drei Tage mit geringer Energiezufuhr abzuwechseln mit einem Tag, an dem die Kalorienmenge über dem Wert der Energiebilanz liegt, z. B. Montag bis Mittwoch täglich 1500 kcal, am Donnerstag jedoch 2300 kcal. Bei einer Kalorienbilanz von 2200 kcal ist diese an den vier Tagen durchschnittlich um 500 kcal unterschritten worden. Die relativ hohe Energiezufuhr am 4. Tag wirkt einer Senkung des

Stoffwechsels entgegen, die eine Verringerung der Gewichtsabnahme bis hin zur Stagnation zur Folge hätte.

Alle reden vom Abnehmen, ich will zunehmen!

Ist eine Gewichtszunahme das Ziel, sollte ähnlich verfahren werden wie bei der Gewichtsreduzierung, denn essen Sie konstant zuviel, reagiert Ihr Organismus unter Umständen mit einer Ankurbelung des Stoffwechsels. Das ständige Nahrungsüberangebot hätte in diesem Fall zu einem sogenannten „Luxusverbrauch" an Nährstoffen geführt. Die Folge: Sie können Unmengen essen, ohne ein Gramm schwerer zu werden. Aber nicht nur das. Die Zufuhr großer Nahrungsmengen ist darüber hinaus sehr belastend. Häufig ist die einzige Aktivität, zu der man sich nach einer ausgiebigen Mahlzeit aufraffen kann, „Däumchendrehen im Sitzen". Es kann Ihnen also passieren, daß Sie trotz der Unmengen, die Sie verspeisen, nicht zunehmen, und zu allem Überfluß sind Sie auch noch in Ihrer Leistungsfähigkeit eingeschränkt. Deshalb sollten Sie niemals unkontrolliert viel essen, sondern wie bei der Gewichtsreduzierung - nur mit umgekehrtem Vorzeichen – drei Tage lang die persönliche Energiebilanz um 700 kcal überschreiten, am vierten Tag mit der Kalorienzufuhr jedoch 100 kcal unterhalb Ihrer Bilanz bleiben. Insgesamt führen Sie auf diese Weise immer noch einen Überschuß von durchschnittlich 500 kcal zu, der für den Aufbau von Muskelsubstanz unbedingte Voraussetzung ist.

Gleichgültig also, ob Sie zu- oder abnehmen wollen: Bestimmen Sie Ihre Energiebilanz, treiben Sie Sport (schließlich wollen Sie Muskeln und kein Fett), und essen Sie nie konstant zuviel oder zuwenig.

Schritt 4: Reduzieren Sie den Fettanteil in Ihrer Ernährung

Bisher hatte es den Anschein, als interessiere ausschließlich die Kalorienzufuhr. Dem ist natürlich nicht so. Selbstverständlich spielt die Verteilung der Kalorien auf die verschiedenen Nährstoffe eine erhebliche Rolle. So ist man heute allgemein der Ansicht, die Ernährung solle in erster Linie reich an komplexen Kohlenhydraten, dafür aber fettarm sein. In der Regel sieht die Realität genau umgekehrt aus. Wir essen zuwenig komplexe Kohlenhydrate, dafür aber viel zuviel Fett. Addieren Sie deshalb abends nicht nur die am Tag zugeführten Kalorien, sondern auch die Angaben für Eiweiß, Fett und Kohlenhydrate.

Sollten die Kohlenhydrate mindestens 50 % der Gesamtkalorien ausmachen, dürfen Sie mit sich zufrieden sein. Andernfalls versuchen Sie sich dieser Empfehlung durch eine allmähliche Einschränkung fettreicher Kost zugunsten der Kohlenhydrate anzunähern.

Lassen Sie mich an einem Beispiel verdeutlichen, wie Sie den prozentualen Anteil der Kohlenhydrate ohne großen Zeitaufwand feststellen können:

Sie haben eine Kalorienaufnahme von 2600 kcal ausgerechnet. Davon sollten 50 %, also 1300 kcal, auf Kohlenhydrate entfallen. Rechnen Sie für 1 g Kohlenhydrate 4 kcal (1 g Eiweiß enthält ebenfalls 4 kcal, 1 g Fett 9 kcal und 1 g Alkohol 7 kcal), hieße das 1300 kcal : 4 = 325 g Kohlenhydrate. Sollten Sie also bei einer Kalorienaufnahme von 2600 kcal mindestens 325 g Kohlenhydrate gegessen haben, entsprechen Sie in diesem Punkt bereits den Empfehlungen der Ernährungswissenschaftler. Liegen Sie darunter, versuchen Sie Ihren Kohlenhydratanteil auf Kosten des Fettes zu erhöhen. Sie werden dabei feststellen, daß Ihr Nahrungsvolumen drastisch zunehmen wird. Kein Wunder, schließlich hat 1 g Fett bereits 9 kcal, 1g Kohlenhydrate jedoch nur 4.

Schritt 5: Seien Sie sparsam mit Salz

Für Figur, Fitneß und Gesundheit spielt nicht allein die Menge an Depotfett, sondern auch überschüssige Flüssigkeit im extrazellulären Raum (außerhalb der Zelle) eine wesentliche Rolle. Speichern Sie dort zuviel Flüssigkeit, hat das nicht nur Konsequenzen für Ihr Aussehen – man wirkt schnell aufgedunsen –, sondern auch auf Ihre Gesundheit (Bluthochdruck). Wie wird man dieses Wasser los? – Entscheidend ist die Zufuhr an Kochsalz, denn dem Körper dienen zur Regulierung seines Wasserhaushaltes die Mineralien Kalium, Natrium und Chlorid (Natriumchlorid = Kochsalz), wobei sich Natrium zu 90 % außerhalb der Zelle befindet, während im Zellinneren Kalium dominiert. Häufig reicht schon die Schaffung eines natürlichen Kalium-Natrium-Gefälles aus, sich des überschüssigen Wassers zu entledigen. Sie erreichen ein solches Gefälle, indem Sie Nahrungsmittel bevorzugen, die mehr Kalium als Natrium enthalten. Die Tabelle auf der folgenden Seite gibt Ihnen Auskunft über das Kalium-Natrium-Verhältnis ausgesuchter Lebensmittel. Es fällt auf, daß gerade die naturbelassenen Nahrungsmittel in der Regel mehr Kalium als Natrium enthalten, während die verarbeiteten dieses Verhältnis nur allzuhäufig umkehren. Das Essen wird uns also bereits ohne unser Einwirken buchstäblich

Tab. 2: Kalium-Natrium-Verhältnis ausgesuchter Lebensmittel

Nahrungsmittel (je 100 g)	Kalium	Natrium
Eier		
Hühnerei	138	135
Eigelb	123	50
aber: Eiklar	148	192
Süßwasserfische		
Flußbarsch	330	47
Bachforelle	465	40
Karpfen	306	46
Fleisch und Geflügel		
Hähnchenbrust	264	66
Hühnchenkeule	250	95
Truthahnbrust	333	46
Hammelfilet	289	94
Kalbsfilet	348	95
Rinderfilet	340	51
Schweinefilet	348	74
Kaninchen	382	47
Teig- und Getreideerzeugnisse		
Vollkorn-Haferflocken	360	6
Mais-Gries (gelb)	80	1
Reis, poliert	92	6
Nudeln	155	7
Obst- und Gemüseprodukte		
Ananas	172	2
Apfel, ungeschält	110	1
Apfel, getrocknet	596	5
Aprikosen	280	2
Aprikosen, getrocknet	1175	19
Banane	382	1
Banane, getrocknet	1477	4
Pfirsich	204	1
Pfirsich, getrocknet	1145	13
Pflaumen	260	2
Pflaumen, getrocknet	824	8
Erbsen, grün, roh	316	2
aber: Erbsen in Dosen	99	236
Süßkartoffel (Batate), roh	400	4

versalzen. Auf ein „Nachsalzen“ kann deshalb in der Regel wirklich verzichtet werden. Wenn Sie Ihrem Aussehen und Ihrer Gesundheit etwas Gutes tun wollen, dann essen Sie bewußt salzarm!

Eine Prise wird schon nichts machen? – Sie irren! Eine Prise Salz beinhaltet durchaus bis zu 500 mg Natrium. Eine Menge also, die häufig bereits ausreicht, das natürliche Kalium-Natrium-Gefälle auf den Kopf zu stellen.

Übrigens: Unterstützen Sie die natriumarme Ernährung durch Zufuhr von reichlich salzarmen Getränken. Da der Körper salzarmes Wasser nicht speichern kann, es andererseits aber bei der Ausscheidung zusätzlich Natrium entzieht, wird Ihr Körper noch salz- und damit wasserärmer. Es klingt paradox, aber Sie müssen reichlich trinken, um extrazelluläres Wasser zu verlieren. Da dem Körper vor allem ein Kalium- und Magnesiummangel droht, sollten Sie der Zufuhr dieser beiden Mineralien jedoch besondere Beachtung schenken.

Schritt 6: Verteilen Sie Ihre Mahlzeiten gleichmäßig über den Tag

„Jetzt habe ich schon den ganzen Tag nichts gegessen. Da werde ich mir heute abend die Pizza doch wohl erlauben dürfen.“ – Den Zahn muß ich Ihnen leider ziehen! Wer mit der Vorstellung, sich am Abend etwas erlauben zu dürfen, den ganzen Tag nichts ißt, trainiert sein fettspeicherndes System, oder anders ausgedrückt: die „Hamsterfunktion“ des Körpers. Ihr Organismus stellt sich darauf ein, daß es den ganzen Tag über nichts zu essen gibt, indem er das speichert, was Sie abends essen, so daß der Vorrat bis zum nächsten Abend reicht. Lassen Sie deshalb keine Mahlzeit aus. Verteilen Sie die Kalorien auf vier, besser noch auf fünf Mahlzeiten pro Tag. Auf diese Weise ist Ihr Organismus nicht gezwungen, zu „bunkern“. Regelmäßiges Essen hat aber noch einen weiteren wesentlichen Vorteil: Sie kommen schneller einmal an einer der sogenannten „kleinen Sünden“ vorbei. Mit vollem Magen fällt es wesentlich leichter, ein Stück Schokolade, das in Ihr Blickfeld gerät, liegenzulassen.

Alle sechs Schritte im Überblick

1. Die Energiebilanz bestimmen

Notieren Sie zehn Tage lang Ihre Kalorienaufnahme. Addieren Sie die Tageskalorien und teilen Sie sie durch die Anzahl der Tage. Sie haben so den Mittelwert errechnet. Ist Ihr Körpergewicht innerhalb der zehn Tage konstant geblieben, dürfen Sie den von Ihnen errechneten Mittelwert als Ihre persönliche Energiebilanz zugrunde legen.

2. Den Stoffwechsel aktivieren

Sollte Ihre Energiebilanz bei 2000 kcal und darunter liegen, beginnen Sie Sport zu treiben. Fahren Sie beispielsweise Fahrrad. Erhöhen Sie dabei kontinuierlich den Umfang der Belastung. Für zehn Minuten, die Sie länger fahren, essen Sie ca. 100 kcal mehr. Setzen Sie sich das Ziel, bei 2500 kcal Ihr Gewicht zu halten. Nun erst ist es sinnvoll, nach der Intervallmethode abzunehmen.

3. Die Intervallmethode

Unterschreiten Sie Ihre Energiebilanz drei Tage lang um 700 kcal. Am vierten Tag jedoch essen Sie 100 kcal mehr als Sie brauchen, dem oben genannten Beispiel entsprechend also 2600 kcal. Behalten Sie Ihre sportlichen Aktivitäten bei. Sie werden zwar langsam abnehmen, dafür aber hauptsächlich Fett und nicht fettfreie Substanz.

4. Fett reduzieren

Versuchen Sie den Fettgehalt in Ihrer Ernährung zu reduzieren. Mindestens 50 % Ihrer Kalorienaufnahme sollten Sie in Form komplexer Kohlenhydrate zu sich nehmen.

5. Salz einsparen

Verzichten Sie möglichst auf das Nachsalzen, und bevorzugen Sie Lebensmittel, die mehr Kalium als Natrium enthalten.

6. Über den Tag verteilt essen

Essen Sie nicht eine große Mahlzeit am Abend, sondern verteilen Sie Ihre Kalorienzufuhr über den Tag, möglichst auf fünf bis sechs Mahlzeiten.

DIE HANDHABUNG DES REZEPTTEILS

Auch wenn Sie inzwischen überzeugt sind, daß „Essen lernen" der richtige Weg zu einer guten Figur ist, schwant Ihnen wahrscheinlich schon, was Sie erwartet – eine ganze Menge Arbeit. Zugegeben, aber – und so ehrlich sollten Sie sich selbst gegenüber sein – ohne Mühe ist der Erfolg nicht zu haben, denn sonst wäre jeder erfolgreich und Übergewicht kein Problem.

Leider kann auch dieses Buch Ihnen die Arbeit nicht ganz abnehmen, aber sie zumindest stark vereinfachen. Wie – das möchte ich Ihnen nun erläutern.

Die Auswahl der Rezepte

Sie haben recht – für die Zubereitung eines „Rühreis" hätten Sie sich kein Kochbuch kaufen müssen. Aber als Kochbuch versteht sich das Ernährungssystem für Fitneß und Gesundheit auch nicht. Bei der Zusammenstellung der Menüs ging es vielmehr darum, die vielen Gerichte des Alltags übersichtlich zusammenzustellen, um Ihnen einen Überblick über Ihre Kalorienaufnahme zu verschaffen. In ihrer Einfachheit reichen sie bis hin zum Marmeladebrötchen, denn auch wenn Sie morgens Ihr Frühstücksbrötchen essen, möchten Sie nicht jede einzelne Zutat, sprich Brötchen, Margarine oder Butter und die Marmelade, aus der Nährwerttabelle heraussuchen, sondern alle Zutaten übersichtlich auf einer Seite portionsgerecht zusammengefaßt haben. So können Sie Ihre persönliche Energiebilanz zeitsparend ermitteln und Ihre Kalorienzufuhr darauf abstimmen. Daß Sie sich durch die Gerichte im nachfolgenden Rezeptteil außerdem gern inspirieren lassen können, wenn Sie einmal nicht wissen, was Sie kochen sollen, ist eher ein angenehmer Nebeneffekt. Suchen Sie dabei aber bitte nicht nach besonders ausgefallenen, exotischen Genüssen. Für fitneßbewußte Gourmets empfehle ich lieber Professor Hamms „Euro-Asiatische Küche". Der Vorteil der Rezepte in diesem Buch liegt vielmehr in ihrer „Alltagstauglichkeit". Sie sind leicht und schnell zubereitet und erfordern keine großartigen Vorbereitungen wie zum Beispiel zeitraubende Einkäufe.

Vielleicht haben Sie sich beim raschen Durchblättern der Rezeptseiten auch gewundert, warum all die kleinen Sünden wie beispielsweise „Nuß-Nougat-Brötchen" und „Schokolade" darin auftauchen. Darf man solche „Kalorienbomben" essen, wenn man abnehmen will? Natürlich dürfen Sie! Wir machen schließlich keine „Schokoladendiät", bei der man alles essen darf, außer

Schokolade. Denn nach dieser Diät stünde Ihnen der Sinn nur nach einem – und zwar nach Schokolade.

Die kleinen Sünden

Auf dem Wege zu einer guten Figur kann es nicht darum gehen, einige Dinge nur noch und andere gar nicht mehr zu essen. Entscheidend sind vielmehr die richtigen Mengenverhältnisse, abgestimmt auf die persönliche Energiebilanz. Wenn Sie also Hunger auf Schokolade haben, dann essen Sie sie. Essen Sie sie mit Genuß. Abends aber, wenn Sie Ihre Kalorien zusammenrechnen, werden Sie vielleicht zu dem Schluß kommen, daß es nicht unbedingt eine ganze Tafel hätte sein müssen, sondern daß ein Riegel schon gereicht hätte. Auf diese Weise korrigieren Sie nach und nach die Mengenverhältnisse auf Ihrem Teller und führen sich selbst ganz allmählich an eine gesündere Ernährung heran, ohne gleich auf alle Annehmlichkeiten des Lebens verzichten zu müssen.

Das Ernährungssystem für Fitneß und Gesundheit ist also weniger ein Kochbuch als vielmehr eine praktische Anleitung, die Ihnen helfen soll, sich Ihrer eigenen Ernährungsgewohnheiten bewußt zu werden. Es möchte Sie nicht in Ihren Eßgewohnheiten reglementieren, sondern Ihnen einen Überblick über das verschaffen, was Sie tagtäglich essen. Aus diesem Grund handelt es sich bei den nachfolgenden Rezepten keinesfalls um eine Auswahl besonders gesunder und vollwertiger Menüs. Im Gegenteil, es ist auch alles vertreten, was gemeinhin als „fettig, ungesund und verboten" gilt. Wenn Sie Fehler in Ihren Ernährungsgewohnheiten erkannt haben, ziehen Sie die Konsequenzen selbst. Nun aber zum Aufbau der einzelnen Rezepte:

Der Aufbau der Rezeptseiten

Zur Vereinfachung Ihrer Arbeit sind alle Rezepte mit Angaben zu ihrem Gehalt an Kalorien (kcal), Eiweißen (E), Kohlenhydraten (KH) und Fetten (F) versehen. Die Portionen werden in gängigen Einheiten, z. B. „ein Teelöffel (TL)" oder „eine Scheibe" und zusätzlich noch einmal in Gramm angegeben. Es folgt eine kurze Beschreibung für die Zubereitung – wenn es sich nicht gerade um ein Marmeladenbrötchen handelt – und im Einzelfall noch Tips zu dem jeweiligen Menü, beispielsweise den Salzgehalt betreffend.

Zuerst einige grundlegende Bemerkungen zu den Portionsangaben:

Die Portionsangaben

Die Arbeit mit herkömmlichen Nährwerttabellen ist oft recht mühsam. Zum einen müssen Sie jede einzelne Zutat aus dem Inhaltsverzeichnis heraussuchen und zum anderen die Nährwerte jeder einzelnen Zutat, die in der Regel für 100 g Lebensmittel angegeben sind, auf Ihre jeweilige Portion umrechnen. Selbstverständlich müssen Sie diese wiederum zuvor gewogen haben. Dann das Ganze addieren. Anschließend brauchen Sie sich für den Rest des Tages nichts mehr vorzunehmen – so lange hat das gedauert. Und weil das so lange dauert, sind in diesem Ernährungssystem die Nährwertangaben bereits in gängigen Einheiten angegeben, zum Beispiel „ein Teelöffel" oder „eine Scheibe". Seien Sie in Ihren Bemühungen, sich einen Überblick über Ihre Ernährungsgewohnheiten zu verschaffen, nicht zu pedantisch. Es ist durchaus nicht notwendig, jede Zutat zu einem Menü bis aufs Gramm genau abzuwiegen, da in der Regel schon die Kalorienangaben in den Nährwerttabellen nur Durchschnittswerte darstellen. Es ist deshalb völlig ausreichend, wenn Sie die in den Rezepten verwendeten Portionsangaben, z. B. „ein Teelöffel (TL)" oder „eine Scheibe" als Grundlage für Ihre Berechnungen heranziehen. Wollen Sie Gewicht verlieren, nehmen Sie einen weniger gehäuften Teelöffel, möchten Sie zunehmen, häufen Sie ihn etwas mehr. Sollten Sie jedoch tatsächlich einmal unsicher sein, was mit „einer Scheibe" gemeint ist - es ist ja tatsächlich nicht eine Scheibe wie die andere - finden Sie in der Spalte nach den Zutaten zusätzlich auch noch die passenden Grammangaben. Die folgenden Spalten beinhalten dann die Angaben zum Eiweiß-, Fett- und Kohlenhydratgehalt sowie die jeweiligen Kalorien- bzw. Jouleangaben.

Die Nährwertangaben

Aus der Tatsache, daß der Nährwertgehalt nicht nur als Gesamtangabe für das komplette Menü, sondern für jede einzelne Zutat angegeben wird, ergeben sich für Sie zwei wesentliche Vorteile:

1.: Sie lernen einiges über Ihre Eßgewohnheiten. Sehen Sie sich beispielsweise einmal das Salamibrötchen auf Seite 49 an. Es fällt auf, daß das sichtbare Fett der Margarine, selbst wenn es sich nicht um Halbfettmargarine handeln würde, in seinem Kalorien- und Fettgehalt weit weniger zu Buche schlägt als das sogenannte „versteckte" Fett der Salami. Es wäre also durchaus eine Überlegung wert, statt auf die Halbfettmargarine auf eine Scheibe Salami zu verzichten.

2.: Sie sind innerhalb des Menüs flexibel. Haben Sie eine der Zutaten nicht zur Hand oder möchten sie aus geschmacklichen Gründen nicht verwenden, ziehen Sie die Zutat mit dem entsprechenden Kalorienwert einfach ab, und haben bereits Ihr neues Menü. Ebenso lassen sich die vorgegebenen Zutaten mengenmäßig variieren – Sie nehmen zum Beispiel statt drei Kartoffeln vier–, oder aber weitere Zutaten ergänzen. So haben Sie die Möglichkeit, aus den vorhandenen 248 Gerichten viele neue zu kreieren. Unterstützt werden Sie darin außerdem durch den Index.

Der Index

Auf den letzten Seiten des Buches befindet sich der Index, in dem alle Zutaten noch einmal in alphabetischer Reihenfolge aufgeführt sind. Er ermöglicht Ihnen, auch einzelne Lebensmittel und deren Kaloriengehalt mühelos zu finden. Daraus ergeben sich einige Vorteile. Sollten Sie beispielsweise noch einen Rest Tomaten im Hause haben und suchen nun nach Anregungen, wie Sie diese Reste verwerten können, dann finden Sie alle Menüs, die Tomaten beinhalten, im Index aufgeführt. Vielleicht möchten Sie aber auch ein Rezept des Ernährungssystems um einige Tomaten ergänzen und suchen deshalb nach den Nährwertangaben von Tomaten. Schauen Sie dafür in den Index.

Tips und Hinweise

Am Fuße der Rezeptseiten befinden sich als zusätzliche Information zu dem jeweiligen Menü einige Tips und Hinweise. Sie werden beispielsweise auf einen hohen Salzgehalt des Rezeptes hingewiesen, so daß Sie hier oder an anderer Stelle Salz einsparen können, wenn Sie Ihren Körper „entschlacken" möchten.

Tab. 3: Ernährungstagebuchseite

Wie auf der folgenden Seite dargestellt, könnte eine Ernährungstagebuchseite für Ihre persönlichen Notizen aussehen. Die Gesamtangaben für den Tag sind dann wiederum zu addieren wie in Tabelle 1 auf Seite 16 gezeigt.

Mahlzeit (Uhrzeit)	Rezept/ Lebensmittel	Nährwerte E	F	KH	kcal/J
Frühstück					
2. Frühstück					
Mittag-essen					
Zwischen-mahlzeit					
Abendessen					
Spätes Abendessen					
Summe :					

Belegte Brote + Brötchen

S. 33 – 56

Brötchen mit Nuß-Nougat-Creme

Zutaten	g	E	KH	F	kJ	kcal
1 Brötchen	42	3,4	22,3	0,3	453,6	108
2 TL Nuß-Nougat-Creme	20	1	10	7	449,4	107
Gesamt		**4,4**	**32,3**	**7,3**	**903**	**215**
Bei Zubereitung mit 1 Vollkornbrötchen (50 g)		**4,8**	**30,5**	**7,8**	**886,2**	**211**

Zubereitung

Dauer der Zubereitung **Minuten**

Tip:

Brötchen mit Konfitüre/ Gelee/ Marmelade

Zutaten	g	E	KH	F	kJ	kcal
1 Brötchen	42	3,4	22,3	0,3	453,6	108
1 TL Halbfettmargarine	5	+	+	2	75,6	18
2 TL Konfitüre, Gelee oder Marmelade i. D.	20	+	12	–	210	50
Gesamt		**3,4**	**34,3**	**2,3**	**739,2**	**176**
Bei Zubereitung mit 1 Vollkornbrötchen (50 g)		**3,8**	**32,5**	**2,8**	**722,4**	**172**

Zubereitung

Dauer der Zubereitung **Minuten**

Tip:

Honigbrötchen

Zutaten	g	E	KH	F	kJ	kcal
1 Brötchen	42	3,4	22,3	0,3	453,6	108
1 TL Halbfettmargarine	5	+	+	2	75,6	18
2 TL Honig	20	0,1	16,2	–	273	65
Gesamt		**3,5**	**38,5**	**2,3**	**802,2**	**191**
Bei Zubereitung mit 1 Vollkornbrötchen (50 g)		**3,9**	**36,7**	**2,8**	**785,4**	**187**

Zubereitung

Dauer der Zubereitung **Minuten**

Tip:

Brötchen mit Pflaumenmus

Zutaten	g	E	KH	F	kJ	kcal
1 Brötchen	42	3,4	22,3	0,3	453,6	108
1 TL Halbfettmargarine	5	+	+	2	75,6	18
2 TL Pflaumenmus	20	+	14	–	235,2	56
Gesamt		**3,4**	**36,3**	**2,3**	**764,4**	**182**
Bei Zubereitung mit 1 Vollkornbrötchen (50 g)		**3,8**	**34,5**	**2,8**	**747,6**	**178**

Zubereitung

Dauer der Zubereitung **Minuten**

Tip:

Brötchen mit Rüben- oder Apfelkraut

Zutaten	g	E	KH	F	kJ	kcal
1 Brötchen	42	3,4	22,3	0,3	453,6	108
1 TL Halbfettmargarine	5	+	+	2	75,6	18
2 TL Rüben- oder Apfelkraut	20	1	15	–	268,8	64
Gesamt		**4,4**	**37,3**	**2,3**	**798**	**190**
Bei Zubereitung mit 1 Vollkornbrötchen (50 g)		**4,8**	**35,5**	**2,8**	**781,2**	**186**

Zubereitung

Dauer der Zubereitung **Minuten**

Tip:

Quarkbrötchen mit Marmelade

Zutaten	g	E	KH	F	kJ	kcal
1 Brötchen	42	3,4	22,3	0,3	453,6	108
3 gehäufte EL Magerquark	120	16,2	4,8	0,4	369,6	88
2 TL Marmelade	20	+	12	–	210	50
Gesamt		**19,6**	**39,1**	**0,7**	**1033,2**	**246**
Bei Zubereitung mit 1 Vollkornbrötchen (50 g)		**20**	**37,3**	**1,2**	**1016,4**	**242**

Zubereitung

Dauer der Zubereitung **Minuten**

Tip:

Quarkbrötchen mit Honig

Zutaten	g	E	KH	F	kJ	kcal
1 Brötchen	42	3,4	22,3	0,3	453,6	108
3 gehäufte EL Magerquark	120	16,2	4,8	0,4	369,6	88
2 TL Honig	20	0,1	16,2	–	273	65
Gesamt		**19,7**	**43,3**	**0,7**	**1096,2**	**261**
Bei Zubereitung mit 1 Vollkornbrötchen (50 g)		**20,1**	**41,5**	**1,2**	**1079,4**	**257**

Zubereitung

Dauer der Zubereitung **Minuten**

Tip:

Quark-Tomaten-Brot

Zutaten	g	E	KH	F	kJ	kcal
1 Scheibe Vollkornbrot	45	3,3	18,5	0,6	390,6	93
3 gehäufte EL Magerquark	120	16,2	4,8	0,4	369,6	88
1 Tomate	50	0,5	1,5	0,1	37,8	9
1 EL Schnittlauchröllchen	5	+	+	–	8,4	2
Gesamt		**20**	**24,8**	**1,1**	**806,4**	**192**

Zubereitung

Das Vollkornbrot mit Quark bestreichen. Die Tomate in Scheiben schneiden und auf den Quark legen, mit Salz und Pfeffer würzen und mit Schnittlauchröllchen bestreuen.

Dauer der Zubereitung **Minuten**

Tip:

Brötchen mit Putensülze

Zutaten	g	E	KH	F	kJ	kcal
1 Brötchen	42	3,4	22,3	0,3	453,6	108
1 TL Halbfettmargarine	5	+	+	2	75,6	18
2 Scheiben Putensülze (Truthahnfleisch in Aspik)	30	5	+	+	84	20
Gesamt		**8,4**	**22,3**	**2,3**	**613,2**	**146**
Bei Zubereitung mit 1 Vollkornbrötchen (50 g)		**8,8**	**20,5**	**2,8**	**596,4**	**142**

Zubereitung

Dauer der Zubereitung **Minuten**

Tip:

Westfälisches Schinkenbrot

Zutaten	g	E	KH	F	kJ	kcal
1 Scheibe Pumpernickel	40	2	17,2	0,4	336	80
1 TL Halbfettmargarine	5	+	+	2	75,6	18
6 Scheiben Lachsschinken ohne Fettrand	45	13,4	+	1,3	285,6	68
Gesamt		**15,4**	**17,2**	**3,7**	**697,2**	**166**

Zubereitung

Dauer der Zubereitung **Minuten**

Tip:

Brot mit Bierschinken

Zutaten	g	E	KH	F	kJ	kcal
1 Scheibe Graubrot oder Roggenbrot oder Landbrot oder 1 Roggenbrötchen	45	3,2	20,7	0,6	424,2	101
1 TL Halbfettmargarine	5	+	+	2	75,6	18
2 Scheiben Bierschinken	30	4,7	+	5,8	298,2	71
Gesamt		**7,9**	**20,7**	**8,4**	**798**	**190**
Bei Zubereitung mit 1 Scheibe Vollkornbrot (45 g)		**7,8**	**18,5**	**8,4**	**764,4**	**182**

Zubereitung

Dauer der Zubereitung **Minuten**

Tip:

Leberwurstbrot

Zutaten	g	E	KH	F	kJ	kcal
1 Scheibe Graubrot oder Roggenbrot oder 1 Roggenbrötchen	45	3,4	20,3	0,6	420	100
45 g magere Leberwurst	45	7,7	+	9,5	487,2	116
Gesamt		**11,1**	**20,3**	**10,1**	**907,2**	**216**
Bei Zubereitung mit 1 Vollkornbrötchen (50 g) oder 1 Scheibe Vollkornbrot (50 g)		**11,5**	**20,5**	**10,3**	**924**	**220**

Zubereitung

Dauer der Zubereitung **Minuten**

Tip:

Weißbrot mit Teewurst

Zutaten	g	E	KH	F	kJ	kcal
2 Scheiben Weißbrot	40	3	19,2	0,7	399	95
30 g Teewurst	30	4	–	12	520,8	124
Gesamt		**7**	**19,2**	**12,7**	**919,8**	**219**
Bei Zubereitung mit 1 Scheibe Vollkornbrot (50 g)		**7,8**	**20,5**	**12,8**	**957,6**	**228**

Zubereitung

Dauer der Zubereitung **Minuten**

Tip:

Brot mit Streichmettwurst

Zutaten	g	E	KH	F	kJ	kcal
1 Scheibe Roggenbrot oder 1 Roggenbrötchen	45	3,4	20,3	0,6	420	100
30 g Streichmettwurst (Braunschweiger)	30	3,8	+	13,5	575,4	137
Gesamt		**7,2**	**20,3**	**14,1**	**995,4**	**237**
Bei Zubereitung mit 1 Vollkornbrötchen (50 g) oder 1 Scheibe Vollkornbrot (50 g)		**7,6**	**20,5**	**14,3**	**1012,2**	**241**

Zubereitung

Dauer der Zubereitung **Minuten**

Tip:

Brötchen mit Salami

Zutaten	g	E	KH	F	kJ	kcal
1 Roggenbrötchen oder						
1 Scheibe Graubrot	45	3,4	20,3	0,6	420	100
3-4 Scheiben Salami	30	5,3	+	14,9	655,2	156
1 TL Halbfettmargarine	5	+	+	2	75,6	18
Gesamt		**8,7**	**20,3**	**17,5**	**1150,8**	**274**
Bei Zubereitung mit 1 Scheibe Vollkornbrot (50 g)		**9,1**	**20,5**	**17,7**	**1167,6**	**278**

Zubereitung

Dauer der Zubereitung **Minuten**

Tip:

Zungenwurst-Brot bzw. -Brötchen

Zutaten	g	E	KH	F	kJ	kcal
1 Scheibe Graubrot oder Roggenbrot oder Landbrot oder 1 Roggenbrötchen	45	3,4	20,3	0,6	420	100
1 TL Halbfettmargarine	5	+	+	2	75,6	18
2 Scheiben Zungenwurst	45	4,5	–	9	411,6	98
Gesamt		**7,9**	**20,3**	**11,6**	**907,2**	**216**
Bei Zubereitung mit 1 Vollkornbrötchen (50 g) oder 1 Scheibe Vollkornbrot (50 g)		**8,3**	**20,5**	**11,8**	**924**	**220**

Zubereitung

Dauer der Zubereitung **Minuten**

Tip:

Brötchen mit Vollkornbrot

Zutaten	g	E	KH	F	kJ	kcal
1 Brötchen	42	3,4	22,3	0,6	453,6	108
1 Scheibe Vollkornbrot	45	3,4	18,5	0,6	390,6	93
1 Scheibe Edamer (30 % F. i. Tr.)	25	6,6	+	4,1	264,6	63
1 Scheibe Cervelatwurst	15	2,5	+	6,5	285,6	68
Gesamt		**15,9**	**40,8**	**11,8**	**1394,4**	**332**

Zubereitung

Das Brötchen halbieren. Die Hälften mit Käse bzw. Cervelatwurst belegen und mit je einer halben Scheibe Vollkornbrot decken.

Dauer der Zubereitung **Minuten**

Tip:

Vollkornbrot mit Gouda

Zutaten	g	E	KH	F	kJ	kcal
1 Scheibe Roggen- oder Weizenvollkornbrot	45	3,4	18,5	0,6	390,6	93
1 TL Halbfettmargarine	5	+	+	2	75,6	18
1 Scheibe Gouda (45 % F. i. Tr.)	30	7,7	+	8,8	462	110
Gesamt		**11,1**	**18,5**	**11,4**	**928,2**	**221**

Zubereitung

Dauer der Zubereitung **Minuten**

Tip:

Käsebrötchen bzw. -brot

Zutaten	g	E	KH	F	kJ	kcal
1 Scheibe Graubrot oder Roggenbrot oder 1 Roggenbrötchen	45	3,4	20,3	0,6	420	100
1 TL Halbfettmargarine	5	+	+	2	75,6	18
2 Scheiben Edamer (30 % F. i. Tr.)	50	13,2	+	8,1	529,2	126
Gesamt		**16,6**	**20,3**	**10,7**	**1024,8**	**244**
Bei Zubereitung mit 1 Vollkornbrötchen (50 g) oder 1 Scheibe Vollkornbrot (50 g)		**17**	**20,5**	**10,9**	**1041,6**	**248**

Zubereitung

Dauer der Zubereitung **Minuten**

Tip:

Weißbrot mit Edelschimmelkäse

Zutaten	g	E	KH	F	kJ	kcal
2 Scheiben Weißbrot	40	3	19,2	0,7	399	95
30 g Gorgonzola oder Roquefort	30	6,3	+	8,9	445,2	106
Gesamt		**9,3**	**19,2**	**9,6**	**844,2**	**201**
Bei Zubereitung mit 1 Scheibe Vollkornbrot (50 g)		**10,1**	**20,5**	**9,7**	**882**	**210**

Zubereitung

Dauer der Zubereitung **Minuten**

Tip:

Vollkornbrot mit Frischkäse

Zutaten	g	E	KH	F	kJ	kcal
1 Scheibe Roggen- oder Weizenvollkornbrot	45	3,4	18,5	0,6	390,6	93
1 Portionspäckchen Frischkäse (60 % F. i. Tr.)	25	2,8	+	7,9	344,4	82
Gesamt		**6,2**	**18,5**	**8,5**	**735**	**175**

Zubereitung

Dauer der Zubereitung **Minuten**

Tip: Nach Geschmack mit Salz, Pfeffer, Zwiebelgewürz, Paprikapulver oder Knoblauchgewürz bestreuen.

Ei-Brot

Zutaten	g	E	KH	F	kJ	kcal
2 Scheiben Weißbrot	40	3	19,2	0,7	399	95
1 TL Halbfettmargarine	5	+	+	2	75,6	18
1 hartgekochtes Ei	60	7	+	6	344,4	82
Gesamt		**10**	**19,2**	**8,7**	**819**	**195**

Zubereitung

Dauer der Zubereitung **Minuten**

Tip: Dazu paßt Ketchup, Remoulade oder Sauce Tartar.

Frühstück + Müsli

S. 57 – 72

Süßes Frühstück

Zutaten	g	E	KH	F	kJ	kcal
1 Rosinenbrötchen	45	4	24	4	621,6	148
1 Brötchen	42	3,4	22,3	0,3	453,6	108
6 EL Magerquark	240	32,4	9,6	0,8	739,2	176
2 KL Honig	20	0,1	16,2	–	273	65
2 KL Konfitüre	20	+	12	–	210	50
Gesamt		**39,9**	**84,1**	**5,1**	**2297,4**	**547**

Zubereitung

Dauer der Zubereitung **Minuten**

Tip:

Herzhaftes Frühstück I

Zutaten	g	E	KH	F	kJ	kcal
1 Roggenbrötchen	45	3,2	20,7	0,6	424,2	101
1 Scheibe Sojabrot	45	7	15	2	445,2	106
1 Portionsecke Schmelzkäse (20 % F. i. Tr.)	31,25	6	3	3	264,6	63
6 Scheiben Gurke	100	0,6	2,2	0,2	54,6	13
Oregano						
1 Scheibe Kochschinken	30	5,9	+	3,8	243,6	63
Gesamt		**22,7**	**40,9**	**9,6**	**1432,2**	**346**

Zubereitung

Das Roggenbrötchen halbieren und mit dem Schmelzkäse bestreichen. Je 3 Gurkenscheiben auf eine Hälfte legen und mit Oregano bestreuen. Die Scheibe Sojabrot mit dem Kochschinken belegen.

Dauer der Zubereitung **Minuten**

Tip:

Herzhaftes Frühstück II

Zutaten	g	E	KH	F	kJ	kcal
1/2 Pampelmuse	125	0,8	12,3	0,3	226,8	54
Süßstoff						
1 Scheibe Vollkornbrot	45	3,4	18,5	0,6	390,6	93
3 EL Magerquark	120	16,2	4,8	0,4	369,6	88
2 EL fettarme Milch		0,8	1,2	0,4	50,4	12
2 EL Schnittlauchröllchen	10	+	+	–	16,8	4
Pfeffer, flüssiger Süßstoff						
1 Scheibe Knäckebrot	10	1	6,6	0,2	134,4	32
1 Scheibe Tilsiter (30 % F. i. Tr.)	30	8,6	+	5,2	340,2	81
Gesamt		**30,8**	**43,4**	**7,1**	**1528,8**	**364**

Zubereitung

Die Pampelmuse nach Geschmack mit flüssigem Süßstoff süßen. Den Magerquark mit der Milch glattrühren. Die Schnittlauchröllchen dazugeben und mit Pfeffer und wenig flüssigem Süßstoff pikant abschmecken. Die Vollkornbrotscheibe damit bestreichen. Das Knäckebrot mit dem Tilsiter belegen.

Dauer der Zubereitung **Minuten**

Tip:

Frühstück mit Ei

Zutaten	g	E	KH	F	kJ	kcal
1 weichgekochtes Ei	60	7	+	6	344,4	82
1 Scheibe Grahambrot	40	3	16,4	0,6	348,6	83
4 Scheiben Lachsschinken ohne Fettrand	30	8,9	+	0,9	189	45
4 EL Haferflocken	40	5,5	24,5	2,8	609	145
2 EL Magerquark	80	10,8	3,2	0,3	247,8	59
1/8 l fettarme Milch (1,5 % F)	125	4,3	6,1	1,9	247,8	59
1 TL Honig	10	+	8,1	–	138,6	33
Gesamt		**39,5**	**58,3**	**12,5**	**2125,2**	**506**

Zubereitung

Den Magerquark mit der Milch und dem Honig verrühren. Die Haferflocken dazugeben. Das Grahambrot mit dem Lachsschinken belegen und zu dem Ei essen.

Dauer der Zubereitung **Minuten**

Tip:

Sekt-Frühstück

Zutaten	g	E	KH	F	kJ	kcal
1 geräuchertes Forellenfilet	100	19,5	+	2,5	424,2	101
3 Scheiben geräucherter Lachs	50	10,8	+	4,7	357	85
2 TL geriebener Meerrettich	16	0,5	1,9	+	42	10
4 kl. Scheiben Weißbrot	100	7,5	48	1,8	999,6	238
einige Sträußchen Petersilie	10	0,5	1	+	25,2	6
2 Gläser (0,1 l) trockener Sekt	0,2 l	+	2	–	672	160
Gesamt		**38,8**	**52,9**	**9**	**2520**	**600**

Zubereitung

Die Weißbrotscheiben im Toaster rösten. Nach dem Auskühlen mit Meerrettich bestreichen und mit dem Fisch belegen. Mit Petersiliensträußchen garnieren und mit dem Sekt genießen.

Dauer der Zubereitung **Minuten**

Tip:

Fitness-Frühstück

Zutaten	g	E	KH	F	kJ	kcal
1 Glas frischgepreßter Orangensaft (0,2 l)	200	1,4	21	0,4	394,8	94
3 Scheiben Knäckebrot	30	3	19,8	0,6	403,2	96
1 Becher Hüttenkäse (20 % F. i. Tr.)	200	24,6	7,2	8,6	861	205
1 EL Schnittlauchröllchen	5	+	+	–	8,4	2
1 Tomate	50	0,5	1,5	0,1	37,8	9
Salz, Pfeffer, Paprika, Zwiebelgewürz						
1 TL Honig	10	+	8,1	–	134,4	32
Gesamt		**29,5**	**57,6**	**9,7**	**1839,6**	**438**

Zubereitung

Den Hüttenkäse auf die Knäckebrotscheiben streichen. Eine Schnitte mit Tomatenscheiben belegen und mit Salz, Pfeffer und Zwiebelgewürz würzen. Die zweite Scheibe mit Salz, Pfeffer, Paprikapulver und Schnittlauchröllchen bestreuen. Auf der dritten Scheibe den Honig verteilen.

Dauer der Zubereitung **Minuten**

Tip:

Müsli mit frischem Obst

Zutaten	g	E	KH	F	kJ	kcal
4 EL Haferflocken	40	5,5	24,5	2,8	609	145
1 Birne	150	0,9	15	0,6	289,8	69
1/4 l fettarme Milch (1,5 % F)	250	8,6	12,2	3,8	495,6	118
Gesamt		**15**	**51,7**	**7,2**	**1394,4**	**332**

Zubereitung

Die Birne waschen, eventuell schälen und in Stücke schneiden. Das Obst mit den Haferflocken mischen und die Milch darübergeben. Eventuell mit Süßstoff süßen.

Dauer der Zubereitung **Minuten**

Tip:

Müsli mit Trockenobst

Zutaten	g	E	KH	F	kJ	kcal
4 EL Haferflocken	40	5,5	24,5	2,8	609	145
1 Trockenfeige	30	1,2	16,2	0,4	306,6	73
1 gehäufter TL Rosinen	7	0,2	4,5	+	79,8	19
1/4 l fettarme Milch (1,5 % F)	250	8,6	12,2	3,8	495,6	118
Gesamt		**15,5**	**57,4**	**7**	**1491**	**355**

Zubereitung

Die Feige in kleine Würfel schneiden. Mit den Haferflocken und den Rosinen mischen und die Milch darübergeben. Eventuell mit Süßstoff süßen.

Dauer der Zubereitung **Minuten**

Tip:

Apfel-Joghurt-Müsli

Zutaten	g	E	KH	F	kJ	kcal
1 Apfel	125	0,4	14,9	0,5	273	65
1 Becher Magermilchjoghurt (0,3 % F)	150	5,3	6,3	0,2	201,6	48
etwas Zitronensaft, flüssiger Süßstoff, 1 Prise Zimt						
5 EL Haferflocken	50	6,9	30,6	3,5	764,4	182
3 EL Cornflakes	6	0,5	4,7	+	84	20
Gesamt		**13,1**	**56,5**	**4,2**	**1323**	**315**

Zubereitung

Den Apfel schälen und grob raspeln oder in kleine Stücke schneiden. Den Joghurt mit dem Zitronensaft, Süßstoff nach Geschmack und dem Zimt verrühren. Die Apfelraspeln bzw. -stücke und die Haferflocken unterheben und etwas ziehen lassen. Mit Cornflakes bestreut servieren.

Dauer der Zubereitung **Minuten**

Tip:

Mandel-Müsli

Zutaten	g	E	KH	F	kJ	kcal
4 EL Haferflocken	40	5,5	24,5	2,8	609	145
2 EL gehackte Mandeln	25	4,8	2,3	13,5	630	150
1 EL Kakaopulver (Instant)	15	1	13	1	273	65
1/4 l fettarme Milch (1,5 % F)	250	8,6	12,2	3,8	495,6	118
Gesamt		**19,9**	**52**	**21,1**	**2007,6**	**478**

Zubereitung

Haferflocken, gehackte Mandeln und Kakaopulver mischen. Die Milch darübergeben.

Dauer der Zubereitung **Minuten**

Tip:

Andreas Standardfrühstück

Zutaten	g	E	KH	F	kJ	kcal
10 EL Haferflocken	100	13,8	61,2	7	1524,6	363
0,5 l fettarme Milch (1,5 % F)	500	17	24,5	7,5	987	235
1 Banane	125	1,4	23,5	0,3	424,2	101
1 Topf Magerquark	250	33,8	10	0,8	768,6	183
Gesamt		**66**	**119,2**	**15,6**	**3704,4**	**882**

Zubereitung

Alle Zutaten im Mixer miteinander mischen und in einem großen Glas servieren.

Dauer der Zubereitung **Minuten**

Tip:

Frischkornmüsli

Zutaten	g	E	KH	F	kJ	kcal
3 EL Frischkornmüsli	40	4,8	28,5	1,4	613,2	146
7 EL Wasser						
2 TL Honig	20	0,1	16,2	–	273	65
1/2 Schale Erdbeeren	125	1	7,9	0,7	176,4	42
1 Vollmilchjoghurt (3,5 % F)	150	5	6	5,3	386,4	92
Gesamt		**10,9**	**58,6**	**7,4**	**1449**	**345**
Bei Zubereitung mit einer Orange		**11,4**	**65**	**7**	**1549,8**	**369**

Zubereitung

Das geschrotete Frischkornmüsli mit dem Wasser über Nacht im Kühlschrank quellen lassen. Am nächsten Morgen mit dem Honig und dem Joghurt verrühren und die gesäuberten, zerkleinerten Erdbeeren unterheben.

Dauer der Zubereitung **Minuten**

Tip: Im Winter schmeckt das Müsli auch sehr gut mit einer Orange.

Eiweiß-Müsli

Zutaten	g	E	KH	F	kJ	kcal
5 EL MULTIKRAFT DIET FORM MÜSLI	50	11,2	21	2,7	658	155
1/4 l Milch (1,5 % F)	250	8,5	12,3	3,8	495,6	118
Gesamt		**19,7**	**33,3**	**6,5**	**1153,6**	**273**

Zubereitung

Dauer der Zubereitung **Minuten**

Tip:

Friedemanns Müsli

Zutaten	g	E	KH	F	kJ	kcal
5 EL MULTIKRAFT DIET FORM MÜSLI	50	11,2	21	2,7	658	155
5 EL Sauerkirschen aus dem Glas (mit Saft)	125	0,9	24,5	0,3	436,8	104
1/4 l Milch (1,5 % F)	250	8,5	12,3	3,8	495,6	118
Gesamt		**20,6**	**57,8**	**6,8**	**1590,4**	**377**

Zubereitung

Dauer der Zubereitung **Minuten**

Tip:

Suppen

S. 73 - 84

Zwiebelsuppe

Zutaten	g	E	KH	F	kJ	kcal
1 Gemüsezwiebel	200	2,6	12,4	0,6	277,2	66
1 TL Öl	4	–	+	4	151,2	36
1 TL Mehl	5	0,5	3,6	+	71,4	17
1/4 l Brühe	250	1	0,8	1	67,2	16
Salz, Pfeffer, evtl. Kräuter der Provence						
		4,1	**16,8**	**5,6**	**567**	**135**
Dazu:						
1 Scheibe Weißbrot	40	3	19,2	0,7	399	95
3 TL Parmesankäse	25	8,9	+	6,5	394,8	94
Gesamt		**16**	**36**	**12,8**	**1360,8**	**324**

Zubereitung

Die Zwiebel schälen und in feine Ringe schneiden. Das Öl in einer beschichteten Kasserolle erhitzen. Die Zwiebelringe hineingeben, salzen und goldgelb dünsten. Dann das Mehl einrühren und die Brühe angießen. Die Suppe bei geschlossenem Topf 15 Minuten leicht kochen lassen. Mit Salz, Pfeffer und Kräutern der Provence nach Geschmack würzen. Die Weißbrotscheibe toasten. Die Suppe in eine ofenfeste Tasse geben, die Weißbrotscheibe darauflegen und mit Käse bestreuen. Unter dem vorgeheizten Grill kurz überbacken.

Dauer der Zubereitung 30 Minuten

Tip:

Tomatensuppe

Zutaten	g	E	KH	F	kJ	kcal
1 TL Öl	4	–	+	4	151,2	36
1 Zwiebel	50	0,7	3	+	63	15
1 Knoblauchzehe	2	0,1	0,6	+	12,6	3
4 Tomaten, gehäutet (ersatzweise 200 g pürierte Tomaten)	200	2	5,8	0,4	142,8	34
1 TL gekörnte Brühe	3	0,7	0,2	0,3	25,2	6
schwarzer Pfeffer, Basilikum, Salz						
		3,5	**9,6**	**4,7**	**394,8**	**94**
Dazu:						
1 EL saure Sahne (10 % F)	15	0,5	0,6	1,5	75,6	18
Gesamt		**4**	**10,2**	**6,2**	**470,4**	**112**

Zubereitung

Das Öl in einer beschichteten Kasserolle erhitzen. Zwiebel und Knoblauchzehe schälen, feinhacken und in dem Öl goldgelb dünsten. Die Tomaten grob zerkleinern und zugeben. Gewürze und gekörnte Brühe einrühren und die Suppe bei geschlossenem Topf 15 Minuten kochen lassen. Eventuell etwas Wasser zugeben. Die Suppe nochmals abschmecken, in eine Suppentasse geben und die saure Sahne in die Mitte setzen.

Dauer der Zubereitung 20 Minuten

Tip:

Lauchcremesuppe

Zutaten	g	E	KH	F	kJ	kcal
1 Lauchstange	200	4,2	6,9	0,6	210	50
1 kleine mehlige Kartoffel	50	1	7,7	+	151,2	36
1/8 l Brühe	125	0,5	0,4	0,5	33,6	8
1/8 l fettarme Milch (1,5 % F)	125	4,3	6,1	1,9	247,8	59
1 EL Creme fraîche (30 % F)	15	0,4	0,5	4,5	184,8	44
Salz, weißer Pfeffer, Muskatnuß						
Gesamt		**10,4**	**21,6**	**7,5**	**827,4**	**197**

Zubereitung

Den Lauch putzen und in sehr feine Ringe schneiden. Brühe und Milch zum Kochen bringen und die Lauchringe in etwa 10 Minuten weich kochen. Die Kartoffel schälen und in die Suppe geben. Mit Salz, Pfeffer und Muskatnuß würzen und nochmals 5 Minuten köcheln lassen. Dann die Creme fraîche unterrühren und eventuell nachwürzen.

Dauer der Zubereitung 20 Minuten

Tip:

Spinatsuppe mit Lachsschinken

Zutaten	g	E	KH	F	kJ	kcal
1 kl. Päckchen Rahmspinat (TK)	150	4,8	7,5	4,4	453,6	108
100 ml fettarme Milch (1,5 % F)	100	3,4	4,9	1,5	197,4	47
2 Scheiben Lachsschinken ohne Fettrand	15	4,5	+	0,4	96,6	23
Salz, Pfeffer, geriebene Muskatnuß, Zwiebelgewürz						
Gesamt		**12,7**	**12,4**	**6,3**	**747,6**	**178**

Zubereitung

Rahmspinat und Milch in einem Topf erhitzen. Nach Geschmack würzen und mit Schinkenstreifen bestreuen.

Dauer der Zubereitung 10 Minuten

Tip:

Geeiste Zucchinisuppe

Zutaten	g	E	KH	F	kJ	kcal
2 kl. Zucchini	200	3,2	4,4	0,8	159,6	38
1 Knoblauchzehe	2	0,1	0,6	+	12,6	3
1/4 l kalte Brühe	250	1	0,8	1	67,2	16
Zitronensaft, Dill, weißer Pfeffer, Salz						
1 EL saure Sahne (10 % F)	15	0,5	0,6	1,5	75,6	18
Gesamt		**4,8**	**6,4**	**3,3**	**315**	**75**

Zubereitung

Zucchini waschen, Stielenden abschneiden und grob würfeln. Mit der Knoblauchzehe zusammen im Mixer pürieren. Das Gemüsepürree mit der Brühe und der sauren Sahne verrühren und mit Salz, Pfeffer, Dill und Zitronensaft würzen. Die Suppe gut gekühlt genießen.

Dauer der Zubereitung 10 Minuten

Tip: Mindestens eine Stunde kühl stellen.

Käsesuppe

Zutaten	g	E	KH	F	kJ	kcal
1/4 l Brühe	250	1	0,8	1	67,2	16
1 Portionsecke Schmelzkäse (45 % F. i. Tr.)	62,5	9	+	14,8	709,8	169
Chinagewürz						
1 EL Schnittlauchröllchen	5	+	+	–	8,4	2
Gesamt		**10,2**	**1**	**15,8**	**785,4**	**187**

Zubereitung

Die Brühe zum Kochen bringen und den Käse unter Rühren darin schmelzen. Die Suppe mit Chinagewürz pikant abschmecken und mit Schnittlauchröllchen bestreuen.

Dauer der Zubereitung 10 Minuten

Tip:

Vanillesuppe

Zutaten	g	E	KH	F	kJ	kcal
1/4 l fettarme Milch (1,5 % F)	250	8,5	12,3	3,8	495,6	118
1/2 Vanilleschote						
1 Prise Salz						
1 1/2 TL Speisestärke	4,5	+	3,7	+	63	15
1 Eigelb	19	3,1	0,1	6,1	285,6	68
Süßstoff						
Gesamt		**11,6**	**16,1**	**9,9**	**844,2**	**201**

Zubereitung

Die Milch – etwas zum Anrühren der Stärke zurücklassen – mit dem Mark der halben Vanilleschote und einer Prise Salz zum Kochen bringen. Speisestärke und Eigelb mit der restlichen Milch verquirlen und in die Milch geben. Unter Rühren noch einmal aufkochen und mit Süßstoff abschmecken.

Dauer der Zubereitung 10 Minuten

Tip:

Schokoladensuppe

Zutaten	g	E	KH	F	kJ	kcal
1/4 l fettarme Milch (1,5 % F)	250	8,5	12,3	3,8	495,6	118
1 1/2 EL Kakao, stark entölt	10	2,4	1,7	1,2	113,4	27
1 Päckchen Vanillezucker	5	*	*	*	84	20
1 1/2 TL Speisestärke	4,5	+	3,7	+	63	15
1 Prise Salz, Süßstoff						
Gesamt		**10,9**	**17,7**	**5**	**756**	**180**

Zubereitung

Einen Teil der Milch zum Kochen bringen. Mit der restlichen Milch Kakao, Vanillezucker und Stärke anrühren und in die kochende Milch geben. Unter Rühren einmal kurz aufkochen lassen und mit einer Prise Salz und Süßstoff abschmecken.

Dauer der Zubereitung 10 Minuten

Tip:

Kirschkaltschale

Zutaten	g	E	KH	F	kJ	kcal
125 g süße Kirschen	125	1,4	15,9	0,5	310,8	74
1/4 l Wasser						
2 TL Speisestärke	6	+	5	+	84	20
1 Stück Zimtstange						
etwas Zitronenschale						
Süßstoff						
Gesamt		**1,4**	**20,9**	**0,5**	**394,8**	**94**
Bei Zubereitung mit 125 g Pflaumen		**0,8**	**19,9**	**0,1**	**352,8**	**84**

Zubereitung

Das Obst waschen und entsteinen. Mit Wasser, Zimtstange und Zitronenschale aufkochen und 10 Minuten köcheln lassen. Zimtstange und Zitronenschale entfernen. Die Stärke mit etwas Wasser anrühren, zu dem Obst geben und aufkochen lassen. Die Suppe mit Süßstoff abschmecken und kalt stellen.

Dauer der Zubereitung 20 Minuten

Tip: Mindestens 1 Stunde kühl stellen.

Aprikosenkaltschale

Zutaten	g	E	KH	F	kJ	kcal
2 getrocknete Aprikosen	40	2	23,2	0,2	432,6	103
1/4 l Wasser						
1 Päckchen Vanillezucker	5	*	*	*	84	20
etwas Zitronenschale						
1 1/2 TL Speisestärke	4,5	+	3,7	+	63	15
Gesamt		**2**	**26,9**	**0,2**	**579,6**	**138**

Zubereitung

Die getrockneten Aprikosen in kleine Stücke schneiden und einige Stunden in dem Wasser einweichen. Mit dem Einweichwasser, Vanillezucker und Zitronenschale zum Kochen bringen und 15 Minuten kochen. Die Stärke mit etwas Wasser anrühren und die Suppe damit binden. Mit Süßstoff abschmecken und kalt stellen.

Einweichzeit: einige Stunden

Dauer der Zubereitung 20 Minuten

Tip: Mindestens 1 Stunde kühl stellen.

Fischgerichte

S. 85 - 100

Forelle Blau

Zutaten	g	E	KH	F	kJ	kcal
1 küchenfertige Forelle (350 g)	250	48,8	+	6,8	1075,2	256
1 TL Butter	5	+	+	4	151,2	36
Essig, Wasser,						
Zitronenachtel						
Gesamt		**48,8**	**+**	**10,8**	**1226,4**	**292**

Zubereitung

Die Forelle innen salzen, auf einen Küchenrost legen und mit heißem Essig übergießen.

In einem Topf 1/2 l Wasser und 1/2 Tasse Essig mit 1/2 TL Salz zum Kochen bringen, die Forelle hineinlegen und bei kleinster Hitze 10 bis 15 Minuten ziehen lassen (nicht kochen). Die fertige Forelle vorsichtig herausheben und mit einem Zitronenachtel garniert anrichten.

Dauer der Zubereitung 30 Minuten

Tip: Dazu passen Kartoffeln, Kopfsalat und ein leichter, trockener Weißwein.

Forelle auf Müllerinart

Zutaten	g	E	KH	F	kJ	kcal
1 küchenfertige Forelle (350 g)	250	48,8	+	6,8	1075,2	256
Zitronensaft, Salz						
1 EL Mehl	20	2,1	14,4	0,2	285,6	68
2 TL Butterschmalz	8	–	+	8	302,4	72
1 TL Butter	5	+	+	4	151,2	36
Zitronenachtel						
Gesamt		**50,9**	**14,4**	**19**	**1814,4**	**432**

Zubereitung

Von der Forelle die Flossen und den Kopf abschneiden, den Fisch mit Zitronensaft beträufeln und 5 Minuten ziehen lassen. Dann salzen und in Mehl wenden. Im heißen Butterschmalz von jeder Seite 1 Minute anbraten und in ca. 20 Minuten bei geringer Hitze fertigbraten. Den Fisch auf einen vorgewärmten Teller legen und mit Zitronenachtel garnieren. Die Butter in dem Bratenfett leicht bräunen und über den Fisch geben.

Dauer der Zubereitung 30 Minuten

Tip: Dazu passen Petersilienkartoffeln und frischer Salat.

Gebratene Scholle

Zutaten	g	E	KH	F	kJ	kcal
1 Scholle (mit Gräten etc. ca. 300 g)	250	43	+	2	798	190
Salz, Zitronensaft						
1 TL Butterschmalz	4	–	+	4	151,2	36
Gesamt		**43**	**+**	**6**	**949,2**	**226**

Zubereitung

Die bratfertige Scholle mit Zitronensaft einreiben und 10 Minuten ziehen lassen. Vorsichtig mit Salz würzen.

Das Butterschmalz in einer beschichteten Pfanne erhitzen und von jeder Seite 5 Minuten braten.

Dauer der Zubereitung 25 Minuten

Tip: Dazu paßt Kartoffelsalat. Die Scholle hat ein günstiges Kalium-Natrium-Verhältnis, wenn auf das Salzen verzichtet wird.

Gebackene Sardinen

Zutaten	g	E	KH	F	kJ	kcal
5 Sardinen (300 g)	200	38,8	+	10,4	1041,6	248
1 EL Mehl	20	2,1	14,4	0,2	285,6	68
1 TL Butterschmalz	4	–	+	4	151,2	36
Gesamt		**40,9**	**14,4**	**14,6**	**1478,4**	**352**

Zubereitung

Die Sardinen schuppen, ausnehmen, Kopf und Gräten entfernen, waschen und trokkentupfen. In dem Mehl wenden und in heißem Butterschmalz braten.

Dauer der Zubereitung 20 Minuten

Tip: Dazu paßt Sauce Tartar und Tomaten-Grillbrot.

Schollenfilet spanische Art

Zutaten	g	E	KH	F	kJ	kcal
1 Packung tiefgefrorene Schollenfilets	250	43	–	2	798	190
2 Tomaten	100	1	2,9	0,2	71,4	17
Salz, Zitronensaft, Zwiebelpulver, Knoblauchpulver, Rosmarin, Basilikum						
1 TL Öl	4	–	+	4	151,2	36
Gesamt		**44**	**2,9**	**6,2**	**1020,6**	**243**

Zubereitung

Eine feuerfeste Form mit Öl ausfetten. Die Schollenfilets hineinlegen und mit Zitrone und Salz würzen. Die Tomaten in Scheiben schneiden und auf den Filets verteilen. Mit Zwiebelpulver, Knoblauchpulver, Rosmarin und Basilikum würzen und im vorgeheizten Ofen bei 200 °C ca. 20 Minuten auf der mittleren Schiene garen. In der Form servieren.

Dauer der Zubereitung 30 Minuten

Tip: Dazu paßt Reis oder Knoblauchbrötchen und Salat. Die Scholle hat ein günstiges Kalium-Natrium-Verhältnis, wenn nicht gesalzen wird.

Thunfisch-Pfanne

Zutaten	g	E	KH	F	kJ	kcal
2 mittelgroße Zwiebeln	100	1,3	6,2	0,3	138,6	33
1 Dose Thunfisch, naturelle	150	29,9	–	2,5	600,6	143
1 säuerlicher Apfel	125	0,4	14,9	0,5	273	65
Salz, Pfeffer						
1/8 l Brühe	125	0,5	0,4	0,5	33,6	8
1 TL Öl	4	–	+	4	151,2	36
1/2 Tasse Reis	50	3,3	39,2	0,2	726,6	173
Gesamt		**35,4**	**60,7**	**8**	**1923,6**	**458**

Zubereitung

Die Zwiebeln schälen und würfeln. Das Öl in einer beschichteten Pfanne erhitzen und die Zwiebelwürfel darin goldbraun braten.

Den abgetropften, zerpflückten Thunfisch zugeben und kurz mitbraten. Mit Brühe ablöschen und 5 Minuten schmoren. Den Apfel schälen, entkernen und in kleine Stücke schneiden. In die Pfanne geben und weitere 5 Minuten schmoren. Mit frischgemahlenem Pfeffer abschmecken. Den Reis nach Vorschrift kochen und dazu servieren.

Dauer der Zubereitung 25 Minuten

Tip: Dazu paßt Kopfsalat mit Joghurtsoße.

Zwiebelfisch

Zutaten	g	E	KH	F	kJ	kcal
1 Packung tiefgefrorene Schollenfilets	250	43	+	2	798	190
Salz, Zitronensaft						
1 kl. Gemüsezwiebel	200	2,6	12,4	0,6	277,2	66
1 TL Butter	5	+	+	4	151,2	36
1/2 Becher Joghurt (3,5 % F)	75	2,5	3	2,7	201,6	48
1 EL Schnittlauchröllchen	5	+	+	–	8,4	2
Gesamt		**48,1**	**15,4**	**9,3**	**1436,4**	**342**

Zubereitung

Die Butter in einer beschichteten Pfanne erhitzen. Die Zwiebel schälen und in dünne Ringe schneiden. In der heißen Butter goldgelb schmoren. Das Fischfilet 10 Minuten mit Zitronensaft säuern. Dann salzen und in eine beschichtete Auflaufform legen. Die Zwiebeln darübergeben. Den Joghurt mit Pfeffer und Schnittlauch verrühren und auf den Zwiebelringen verteilen. Im vorgeheizten Ofen bei 180 °C 20 bis 30 Minuten backen.

Dauer der Zubereitung 30-40 Minuten

Tip: Bei Zubereitung ohne Salz hat das Menü ein günstiges Kalium-Natrium-Verhältnis.

Schollenfilet in der Folie

Zutaten	g	E	KH	F	kJ	kcal
1 Packung tiefgefrorene Schollenfilets	250	43	–	2	798	190
Salz, Pfeffer, Zitronensaft						
1 TL Butter	5	+	+	4	151,2	36
1 EL gehackte Petersilie	5	0,3	0,5	+	12,6	3
Gesamt		**43,3**	**0,5**	**6**	**961,8**	**229**

Zubereitung

Die Schollenfilets mit Zitronensaft beträufeln und mit Salz und Pfeffer würzen. Auf ein großes Stück Alufolie legen, die Butter in Flöckchen daraufgeben und die Petersilie darüberstreuen.

Die Folie gut verschließen und 15 Minuten im vorgeheizten Ofen bei 200 °C backen.

Dauer der Zubereitung 20 Minuten

Tip: Als Beilagen eignen sich Salat und Pellkartoffeln. Statt mit Salz zu würzen, können Sie das Filet auch mit frischen Kräutern belegen.

Fischroulade

Zutaten	g	E	KH	F	kJ	kcal
1 dünnes Stück Kabeljaufilet	200	34	+	+	571,2	136
Zitronensaft, Salz						
1 EL Speckwürfel	10	0,4	+	8,3	319,2	76
1 Sardellenfilet	5	*	*	*	63	15
1 hartgekochtes Ei	60	7	+	6	344,4	82
1 kl. Gewürzgurke	50	0,5	1,5	+	33,6	8
1 TL Butterschmalz	4	–	+	4	151,2	36
Gesamt		**41,9**	**1,5**	**18,3**	**1482,6**	**353**

Zubereitung

Das Fischfilet mit Zitronensaft säuern und 10 Minuten stehen lassen. Dann trockentupfen und salzen. Sardellenfilet, Ei und Gurke feinhacken und zusammen mit den Speckwürfeln auf dem Fisch verteilen. Das Filet zusammenrollen und mit einem Holzstab zusammenstecken oder mit Küchengarn zusammenbinden. Die Roulade salzen und pfeffern und in dem heißen Butterschmalz in einer beschichteten Pfanne braten.

Dauer der Zubereitung 30 Minuten

Tip: Dazu paßt Kartoffelpürree und Tomatensalat.

Paprikafisch

Zutaten	g	E	KH	F	kJ	kcal
1 Packung Schollenfilets (TK)	250	43	–	2	798	190
Salz, Zitronensaft, Weißwein						
1 TL Senf	8	0,8	0,2	0,3	25,2	6
frischgemahlener weißer Pfeffer						
1 kl. rote Paprika, geputzt	100	1,2	3,1	0,3	84	20
1 TL Öl	4	–	+	4	151,2	36
Gesamt		**45**	**3,3**	**6,6**	**1058,4**	**252**

Zubereitung

Die Schollenfilets mit Zitronensaft beträufeln und 10 Minuten säuern.

In der Zwischenzeit die Paprikaschote in feine Streifen schneiden und in einer feuerfesten Form in dem heißen Öl anbraten. Die Filets salzen, mit Senf bestreichen und mit reichlich frischgemahlenem weißen Pfeffer würzen. Auf das Paprikabett legen und etwas Weißwein angießen. Im vorgeheizten Ofen bei 200 °C ca. 20 Minuten backen.

Dauer der Zubereitung 35 Minuten

Tip: Dazu paßt Reis oder Brot und Salat.

Fischfilet in Meerrettichsoße

Zutaten	g	E	KH	F	kJ	kcal
1 Stück Rotbarschfilet	200	36,4	+	7,2	882	210
Zitronensaft, Salz, Fischgewürz						
1 kl. Zwiebel	30	0,4	1,9	+	42	10
1/2 Päckchen helle Soße i. D.		2,5	8,8	3,8	340,2	81
1 EL geriebener Meerrettich	15	0,3	1,2	0,8	54,6	13
1 EL Creme fraîche (30 % F)	15	0,4	0,5	4,5	184,8	44
evtl. Süßstoff						
Gesamt		**40**	**12,4**	**16,3**	**1503,6**	**358**

Zubereitung

Das Rotbarschfilet mit Zitronensaft beträufeln und 10 Minuten ziehen lassen.

Inzwischen 1/4 l Wasser mit Salz, Fischgewürz und der geviertelten Zwiebel aufkochen, den Fisch hineingeben und bei kleiner Hitze ziehen lassen. Das Rotbarschfilet herausnehmen und mit 1/8 l durchgeseihtem Fischsud die helle Soße zubereiten. Mit Meerrettich und evtl. Süßstoff abschmecken. Die Creme fraîche einrühren und das Fischfilet noch ein paar Minuten in der Soße ziehen lassen.

Dauer der Zubereitung 40 Minuten

Tip: Dazu passen Salzkartoffeln und Kopfsalat mit Joghurtsoße.

Fischstäbchen

Zutaten	**g**	**E**	**KH**	**F**	**kJ**	**kcal**
1 Portion (5) Fischstäbchen (TK)	150	19,2	29,7	6,6	1071	255
1 TL Öl	4	–	+	4	151,2	36
Gesamt		**19,2**	**29,7**	**10,6**	**1222,2**	**291**

Zubereitung

Die Fischstäbchen nach Vorschrift in einer beschichteten Pfanne braten.

Dauer der Zubereitung 15 Minuten

Tip: Als Beilagen eignen sich Kartoffelsalat oder Kartoffelpürree und ein frischer Salat.

Fischburger

Zutaten	g	E	KH	F	kJ	kcal
1 Fischfrikadelle (TK)	62,5	8,5	8	+	277,2	66
1 TL Butter	5	+	+	4	151,2	36
1 Brötchen	42	3,4	22,3	0,3	453,6	108
1 EL Tomatenketchup	20	+	5,6	–	96,6	23
1 Scheibe Schmelzkäse (45 % F. i. Tr.)	20	2,9	+	4,7	226,8	54
1 Salatblatt						
Gesamt		**14,8**	**35,9**	**9**	**1205,4**	**287**

Zubereitung

Die Fischfrikadelle in einer beschichteten Pfanne in der heißen Butter braten.

Das Brötchen halbieren, die untere Hälfte mit dem Tomatenketchup bestreichen und mit einem Salatblatt belegen.

Die fertige Fischfrikadelle und den Käse daraufgeben und mit der oberen Brötchenhälfte bedecken.

Dauer der Zubereitung 15 Minuten

Tip: Statt mit Ketchup kann man den Fischburger auch mit Sauce Tartar zubereiten.

Krabbentopf

Zutaten	g	E	KH	F	kJ	kcal
1 kl. Zwiebel	30	0,4	1,9	+	42	10
1 EL Butter	15	+	+	12	453,6	108
1/2 Tasse Langkornreis	50	3,3	39,2	0,3	726,6	173
3 EL Tomatenmark	90	2	4,5	0,5	189	45
1 Dose Krabbenfleisch	130	22,6	+	3,3	504	120
1/2 TL Salz						
Paprikagewürz, Knoblauchgewürz, frischgemahlener Pfeffer						
100 g frische Champignons	100	2,7	0,3	0,3	63	15
Gesamt		**31**	**45,9**	**16,4**	**1978,2**	**471**

Zubereitung

Die Zwiebel schälen und fein würfeln. Die Hälfte der Butter in einem Topf erhitzen und Zwiebelwürfel und Reis glasig braten.

Den Saft vom Krabbenfleisch, das Tomatenmark und 50 ml Wasser zu dem Reis geben. 1/2 TL Salz einstreuen und bei geschlossenem Deckel 20 Minuten bei schwacher Hitze kochen.

Die geputzten Champignons in der restlichen Butter in einer beschichteten Pfanne braten. Das Krabbenfleisch zufügen und 3 bis 4 Minuten dünsten.

Mit dem fertigen Reis mischen und würzen.

Dauer der Zubereitung 30 Minuten

Tip: Dazu paßt Salat.

Geflügelgerichte

S. 101 - 116

Hähnchenschenkel

Zutaten	g	E	KH	F	kJ	kcal
1 Hähnchenschenkel o. Knochen	200	41,2	+	6,2	924	220
1 TL Butterschmalz	4	–	–	4	151,2	36
Salz, Pfeffer, Curry oder Paprika						
Gesamt		**41,2**	**+**	**10,2**	**1075,2**	**256**

Zubereitung

Butterschmalz in einer beschichteten Pfanne zerlassen und die Hähnchenkeule darin von allen Seiten knusprig braun braten. Mit Salz, Pfeffer, Curry oder Paprika würzen.

Dauer der Zubereitung 30 Minuten

Tip: Bei Zubereitung ohne Salz haben Hähnchenschenkel ein günstiges Natrium-Kalium-Verhältnis.

Hähnchenschnitzel

Zutaten	g	E	KH	F	kJ	kcal
1 Hähnchenbrustfilet	150	34,2	+	1,4	625,8	149
1 TL Butterschmalz (ersatzweise Öl)	4	–	+	4	151,2	36
Salz, Pfeffer, Curry oder Paprika						
Gesamt		**34,2**	**+**	**5,4**	**777**	**185**

Zubereitung

Das Hähnchenbrustfilet mit Salz, Pfeffer und nach Geschmack mit Curry oder Paprika einreiben und in dem heißen Butterschmalz von beiden Seiten braun braten.

Dauer der Zubereitung 20 Minuten

Tip: Bei Zubereitung ohne Salz hat das Hähnchenschnitzel ein günstiges Kalium-Natrium-Verhältnis. Als Beilagen eignen sich z. B. Reis und Salat.

Putenkeule

Zutaten	g	E	KH	F	kJ	kcal
1 Putenunterkeule o. Knochen	350	71,8	+	12,6	1675,8	399
1 TL Butterschmalz	4	–	–	4	151,2	36
Salz, Pfeffer, Paprika						
Gesamt		**71,8**	**+**	**16,6**	**1827**	**435**

Zubereitung

Die Putenunterkeule in einer beschichteten Kasserolle von allen Seiten im heißen Butterschmalz anbraten, würzen und bei niedriger Hitze ca. 30 Minuten braten.

Dauer der Zubereitung 40 Minuten

Tip: Wenn Sie auf das Salz verzichten, hat die Putenkeule ein günstiges Kalium-Natrium-Verhältnis.

Putenschnitzel

Zutaten	g	E	KH	F	kJ	kcal
1 Putenschnitzel	150	36,2	+	1,5	663,6	158
1 TL Butterschmalz (ersatzweise Öl)	4	–	+	4	151,2	36
Salz, Pfeffer, Curry						
Gesamt		**36,2**	**+**	**5,5**	**814,8**	**194**

Zubereitung

Das Putenschnitzel mit Salz, Pfeffer und Curry einreiben und in dem heißen Butterschmalz von beiden Seiten braun braten.

Dauer der Zubereitung 20 Minuten

Tip: Als Beilage eignen sich z. B. Ofenfrites und Mischgemüse. Bei Zubereitung ohne Salz hat das Putenschnitzel ein günstiges Kalium-Natrium-Verhältnis.

Hähnchenbrustfilet in Senfpanade

Zutaten	g	E	KH	F	kJ	kcal
1 Hähnchenbrustfilet	150	34,2	+	1,4	625,8	149
1/2 TL Öl	2	–	+	2	75,6	18
1/2 TL Barbecuesauce	3	+	0,9	*	16,8	4
2 Scheiben Lachsschinken ohne Fettrand	15	4,5	+	0,4	96,6	23
1 EL milder Senf	25	1,5	0,4	0,6	46,2	11
1 EL Paniermehl	20	2,6	14,4	0,2	294	70
1 TL Butter	5	+	+	4	151,2	36
		42,8	**15,7**	**8,6**	**1306,2**	**311**
Dazu:						
1/2 Tasse Reis	50	3,3	39,2	0,3	726,6	173
1/2 Dose Gemüsemais	140	3,8	11,2	1,7	319,2	76
Gesamt		**49,9**	**66,1**	**10,6**	**2352**	**560**

Zubereitung

Das Hähnchenbrustfilet mit einer Mischung aus Öl und Barbecuesauce bepinseln und in eine beschichtete Auflaufform legen. Auf oberster Schiene im Backofen bei 225 °C 15 Minuten braten.

Den Lachsschinken feinhacken und mit Senf, Paniermehl und Butter vermengen. Die Mischung gleichmäßig auf dem Hähnchenbrustfilet verteilen und es noch einmal 10 Minuten braten.

Den Reis nach Vorschrift kochen, mit dem Mais mischen, noch einmal erhitzen und zu dem Hähnchenbrustfilet reichen.

Dauer der Zubereitung 35 Minuten

Tip: Dazu paßt Tomatensalat.

Poulet Basque

Zutaten	g	E	KH	F	kJ	kcal
1 Hähnchenbrustfilet	150	34,2	+	1,4	625,8	149
Salz, Paprika						
1 TL Olivenöl	4	–	+	4	151,2	36
1 kl. Zwiebel	30	0,4	1,9	+	42	10
4 Tomaten, gehäutet	200	2	5,8	0,4	142,8	34
1 kl. rote Paprikaschote, geputzt	100	1,2	3,1	0,3	84	20
50 g frische Champignons, geputzt	50	1,4	0,2	0,2	33,6	8
1 Knoblauchzehe	2	0,1	0,6	+	12,6	3
Thymian, Majoran, Oregano, Cayenne-Pfeffer						
		39,3	**11,6**	**6,3**	**1092**	**260**
Dazu: 1/2 Tasse Reis	50	3,3	39,2	0,3	726,6	173
Gesamt		**42,6**	**50,8**	**6,6**	**1818,6**	**433**

Zubereitung

Das Hähnchenbrustfilet mit Salz und Paprika einreiben. In dem heißen Öl in einer beschichteten Pfanne braun braten. Herausnehmen.

Die Zwiebel würfeln und in dem Öl glasig braten.

Tomaten und Paprika ebenfalls würfeln und mit den Champignons und dem zerdrückten Knoblauch dazugeben. Mit Thymian und wenig Salz, Oregano, Majoran und Cayenne-Pfeffer abschmecken. 20 Minuten bei mäßiger Hitze schmoren. Die letzten 10 Minuten das Fleisch wieder dazugeben.

Den Reis nach Vorschrift kochen und zu dem Fleisch reichen.

Dauer der Zubereitung 45 Minuten

Tip: Dazu paßt Kopfsalat.

Chinesische Hähnchen-Pfanne

Zutaten	g	E	KH	F	kJ	kcal
1 Hähnchenbrustfilet	150	34,2	+	1,4	625,8	149
1 kl. Zwiebel	30	0,4	1,9	+	42	10
1 kl. Dose Champignons	110	2,3	0,3	0,3	54,6	13
150 g Sojabohnensprossen	150	5,7	*	0,8	163,8	39
1 Tasse Hühnerbrühe (Instant)	150	0,6	0,6	0,6	42	10
1 TL Öl	4	–	+	4	151,2	36
1 TL Sojasoße	5	0,7	0,3	+	21	5
Pfeffer, Paprikapulver						
		43,9	**3,1**	**7,1**	**1100,4**	**262**
Dazu:						
1/2 Tasse Reis	50	3,3	39,2	0,3	726,6	173
Gesamt		**47,2**	**42,3**	**7,4**	**1827**	**435**

Zubereitung

Das Hähnchenbrustfilet in große Würfel schneiden. Das Öl in einer beschichteten Pfanne erhitzen und das Hähnchenfleisch darin anbraten. Die Zwiebel würfeln und zugeben. Goldbraun braten. Dann die abgetropften Champignons mitbraten. Mit Sojasoße und Hühnerbrühe ablöschen und 15 Minuten schmoren. Mit Pfeffer und Paprika würzen.

Den Reis nach Vorschrift kochen und dazu reichen.

Dauer der Zubereitung 30 Minuten

Tip: Dazu paßt ein frischer Salat.

Süß-scharfes Hähnchencurry

Zutaten	g	E	KH	F	kJ	kcal
1 Hähnchenbrustfilet	150	34,2	+	1,4	625,8	149
1 TL Margarine	5	+	+	4	151,2	36
2 EL Curry						
1/8 l Hühnerbrühe		0,5	0,5	0,5	33,6	8
2 EL Creme fraîche (30 % F)	30	0,8	1	9	369,6	88
1 EL Kokosnußraspel	12,5	0,7	0,8	7,8	319,2	76
1 Messerspitze Ingwerpulver, scharfer indischer Curry						
1 kl. Banane	100	1,1	18,8	0,2	340,2	81
		37,3	**21,1**	**22,9**	**1839,6**	**438**
Dazu: 1/2 Tasse Reis	50	3,3	39,2	0,3	726,6	173
Gesamt		**40,6**	**60,3**	**23,2**	**2566,2**	**611**

Zubereitung

Das Hähnchenbrustfilet in große Würfel schneiden und in der Margarine in einer beschichteten Pfanne anbraten. Mit Salz und Curry würzen. Das Fleisch herausnehmen und den Curry einrühren. Mit der Hühnerbrühe ablöschen und die Creme fraîche einrühren. Die Kokosraspel dazugeben und mit Ingwer und scharfem Curry abschmecken. Die Banane in Scheiben schneiden und mit dem Fleisch zusammen 5 bis 10 Minuten in der Sauce ziehen lassen. Den Reis nach Vorschrift kochen und zu dem Curry servieren.

Dauer der Zubereitung 30 Minuten

Tip: Dazu paßt Kopfsalat mit Joghurtsoße oder Gurkensalat mit Zitrone.

Putenbrust Stroganoff

Zutaten	g	E	KH	F	kJ	kcal
1 Putenschnitzel	150	36,2	+	1,5	663,6	158
1 TL Butterschmalz	4	–	+	4	151,2	36
1 Zwiebel	50	0,7	3	+	63	15
1 kl. Dose Champignons	110	2,3	0,3	0,3	54,6	13
1 gr. Gewürzgurke	100	1	3	+	67,2	16
1/8 l Hühnerbrühe	125	0,5	0,5	0,5	33,6	8
2 EL Creme fraîche (30 % F)	30	0,8	1	9	369,6	88
1 TL Senf	8	0,8	0,2	0,3	25,2	6
Salz, schwarzer Pfeffer, Süßstoff						
		41,4	**8**	**15,6**	**1428**	**340**
Dazu : 1/2 Tasse Reis	50	3,3	39,2	0,3	726,6	173
Gesamt		**44,7**	**47,2**	**15,9**	**2154,6**	**513**

Zubereitung

Das Fleisch in Streifen schneiden und in einer beschichteten Kasserolle in dem heißen Butterschmalz anbraten. Die Zwiebel schälen, in feine Ringe schneiden und mit den abgetropften Champignons zum Fleisch geben. Wenn das Gemüse leicht gebräunt ist, die gewürfelte Gewürzgurke kurz mitschmoren. Die Brühe angießen und Creme fraîche und Senf einrühren. Die Soße etwas einkochen lassen und mit Salz, schwarzem Pfeffer und Süßstoff abschmecken. Den Reis nach Vorschrift kochen und zu der Putenbrust Stroganoff reichen.

Dauer der Zubereitung 30 Minuten

Tip: Dazu paßt Tomatensalat.

Zwiebel-Hähnchen

Zutaten	g	E	KH	F	kj	kcal
1 Hähnchenbrustfilet	150	34,2	+	1,4	625,8	149
Salz, Pfeffer						
3 Zwiebeln	150	2	9,3	0,5	210	50
1 TL Butterschmalz	4	–	+	4	151,2	36
1/8 l Bratensaft (Instant)	125	1,3	3,8	3,8	231	55
1/8 l Sahne	125	3	4,3	39,6	1621,2	386
Gesamt		**40,5**	**17,4**	**49,3**	**2839,2**	**676**

Zubereitung

Die Zwiebel schälen, in Ringe schneiden und in dem heißen Butterschmalz goldgelb dünsten.

Das Hähnchenbrustfilet salzen, pfeffern und in eine feuerfeste Form legen. Die Zwiebelringe darüber verteilen, Bratensaft und Sahne zugießen und im vorgeheizten Ofen bei 200 °C ca. 30 Minuten backen. Eventuell nachwürzen.

Dauer der Zubereitung 40 Minuten

Tip: Dazu paßt Reis oder Weißbrot und ein frischer Salat.

Hähnchenschlegel griechische Art

Zutaten	g	E	KH	F	kJ	kcal
1 Hähnchenschlegel	200	41,2	+	6,2	924	220
20 g Knoblauchbutter (Fertigprodukt)	20	0,1	0,1	16,6	630	150
1 EL Zitronensaft	15	+	1,6	–	29,4	7
etwas abgeriebene Zitronenschale, weißer Pfeffer						
1 EL gehackte Petersilie	5	0,2	0,5	+	12,6	3
Gesamt		**41,5**	**2,2**	**22,6**	**1596**	**380**

Zubereitung

Die Knoblauchbutter mit Zitronensaft und -schale sowie weißem Pfeffer und gehackter Petersilie verrühren. Den Hähnchenschenkel damit bestreichen und unter dem vorgeheizten Grill garen. Zwischendurch mit dem herabtropfenden Bratensaft bestreichen.

Dauer der Zubereitung 30 Minuten

Tip: Dazu paßt Brot und griechischer Salat.

Geschmorte Hähnchenbrust

Zutaten	g	E	KH	F	kJ	kcal
1 Brathähnchenbrust (mit Haut und Knochen)	200	41,2	+	6,2	924	220
Salz, Pfeffer, Paprikagewürz						
2 Scheiben geräucherter durchwachsener Speck	20	1,8	+	13	520,8	124
1 kl. Zucchini	100	1,6	2,2	0,4	79,8	19
2 Tomaten	100	1	2,9	0,2	71,4	17
4 Schalotten	100	1,3	6,2	0,3	138,6	33
1/8 l Hühnerbrühe	125	0,5	0,5	0,5	33,6	8
1/8 l Rotwein		0,1	0,6		372,8	88,8
Gesamt		**47,5**	**12,4**	**20,6**	**2141**	**509,8**

Zubereitung

Die Hähnchenbrust mit Salz, Pfeffer und Paprikapulver einreiben. In eine feuerfeste Form geben und mit dem Speck belegen. Die Schalotten schälen und zu dem Fleisch geben. Brühe und Wein zugießen und im vorgeheizten Ofen bei 250 °C ca. 30 Minuten schmoren. Die Tomaten vierteln und vom Stengelansatz befreien, die Zucchini putzen und in Scheiben schneiden. Das Gemüse zu der Hähnchenbrust geben und noch etwa 10 Minuten garen.

Dauer der Zubereitung 45 Minuten

Tip: Dazu paßt Reis und Salat.

Leber-Spießchen

Zutaten	g	E	KH	F	kJ	kcal
125 g Hähnchenleber	125	27,6	1,5	5,9	714	170
1 mittelgroße Zwiebel	50	0,7	3	+	63	15
1 Apfel	125	0,3	13,6	0,8	264,6	63
1 TL Margarine	5	+	+	4	151,2	36
Salz, Pfeffer, Paprika						
		28,6	**18,1**	**10,7**	**1192,8**	**284**
Dazu:						
1 Portion Kartoffel-Flocken-Pürree (Fertigprodukt)	200	4	26	6	730,8	174
Gesamt		**32,6**	**44,1**	**16,7**	**1923,6**	**458**

Zubereitung

Hähnchenleber, Apfel- und Zwiebelwürfel abwechselnd auf Spießchen stecken. Mit Salz, Pfeffer und Paprika würzen und in der heißen Margarine rundherum 8 bis 10 Minuten braten.

Den Kartoffelbrei nach Packungsvorschrift herstellen und zu den Spießchen servieren.

Dauer der Zubereitung 20 Minuten

Tip: Dazu paßt Kopfsalat mit Joghurtsoße oder Gurkensalat mit Zitrone.

Hähnchenleber mit Zwiebeln

Zutaten	g	E	KH	F	kJ	kcal
125 g Hähnchenleber	125	27,6	1,5	5,9	714	170
Mehl zum Bestäuben	10	1	7,3	+	142,8	34
4 mittelgroße Zwiebeln	200	2,6	12,4	0,6	277,2	66
1 TL Margarine	5	+	+	4	151,2	36
Salz, Pfeffer						
		31,2	**21,2**	**10,5**	**1285,2**	**306**
Dazu:						
1/2 Tasse Reis	50	3,3	39,2	0,3	726,6	173
2 Tomaten	100	1	2,9	0,2	71,4	17
3 EL fettarmer Joghurt (1,5 % F)	90	3,4	3,7	1,4	168	40
1 EL Schnittlauchröllchen	5	+	+	–	8,4	2
Salz, Pfeffer, Knoblauchgewürz						
Gesamt		**38,9**	**67**	**12,4**	**2259,6**	**538**

Zubereitung

Die Leber mit Mehl bestäuben. Die Margarine in einer beschichteten Pfanne erhitzen und die Leber darin braten. Herausnehmen, salzen und pfeffern. Die Zwiebeln in Ringe schneiden und in dem Fett glasig dünsten. Die Leber noch einmal kurz mit erhitzen. Den Reis nach Vorschrift kochen. Die Tomaten in Scheiben schneiden. Aus Joghurt, Schnittlauch und den Gewürzen ein Dressing rühren und über die Tomatenscheiben geben.

Dauer der Zubereitung 25 Minuten

Tip:

Fleischgerichte

S. 117 - 140

Bratwürste vom Grill

Zutaten	g	E	KH	F	kJ	kcal
1 Schweinsbratwurst i. D.	100	12,7	+	32,4	1436,4	342
1 Kalbsbratwurst i. D.	100	10,3	+	25	1117,2	266
1 Paar Rostbratwürstel i. D.	100	11	+	29	1281	305

Zubereitung

Dauer der Zubereitung **Minuten**

Tip:

Kalbsmedaillons

Zutaten	g	E	KH	F	kJ	kcal
2 Kalbsmedaillons (2-3 cm dick)	150	30,9	+	2,1	600,6	143
Salz, Pfeffer, getrockneter Kerbel						
1 Knoblauchzehe	2	0,1	0,6	+	12,6	3
1 TL Butterschmalz (ersatzweise Öl)	4	–	+	4	151,2	36
Gesamt		**31**	**0,6**	**6,1**	**764,4**	**182**

Zubereitung

Kalbsmedaillons mit Salz, Pfeffer, zerdrücktem Knoblauch und Kerbel einreiben. In heißem Butterschmalz von beiden Seiten je ca. 6 Minuten braten.

Dauer der Zubereitung 15 Minuten

Tip: Dazu paßt z. B. ein Reis-Gemüse-Topf und Tomatensalat. Bei Zubereitung ohne Salz haben die Kalbsmedaillons ein günstiges Kalium-Natrium-Verhältnis.

Kalbsschnitzel

Zutaten	g	E	KH	F	kJ	kcal
1 Kalbsschnitzel	150	31	+	2,7	625,8	149
1 TL Butterschmalz (ersatzweise Öl)	4	–	+	4	151,2	36
Salz, Pfeffer						
Gesamt		**31**	**+**	**6,7**	**777**	**185**

Zubereitung

Das Kalbsschnitzel in heißem Butterschmalz ca. 3 Minuten braten. Mit Salz und Pfeffer würzen.

Dauer der Zubereitung 10 Minuten

Tip: Dazu paßt z. B. Kartoffelgratin und Salat. Bei Zubereitung ohne Salz hat das Kalbsschnitzel ein günstiges Kalium-Natrium-Verhältnis.

Schweineschnitzel bzw. -Kotelett

Zutaten	g	E	KH	F	kJ	kcal
1 Schweineschnitzel	150	31,2	+	12,2	982,8	234
1 TL Butterschmalz (ersatzweise Öl)	4	–	+	4	151,2	36
Salz, Pfeffer						
Gesamt		**31,2**	**+**	**16,2**	**1134**	**270**
Bei Zubereitung mit einem Schweins-Kotelett (150 g o. Knochen)		**28,5**	**+**	**23,5**	**1369,2**	**326**

Zubereitung

Schweineschnitzel bzw. -Kotelett mit der Hand etwas klopfen. In heißem Butterschmalz von jeder Seite ca. 4 Minuten braten. Mit Salz und Pfeffer würzen.

Dauer der Zubereitung 15 Minuten

Tip: Dazu passen Ofenfrites und Salat oder Buttergemüse.

Schweinelendchen

Zutaten	g	E	KH	F	kJ	kcal
2-3 Schweinemedaillons	150	27,9	+	17,9	1146,6	273
1 TL Butterschmalz (ersatzweise Öl)	4	–	+	4	151,2	36
Salz, Pfeffer						
Gesamt		**27,9**	**+**	**21,9**	**1297,8**	**309**

Zubereitung

Die Schweinemedaillons in heißem Butterschmalz von beiden Seiten braun braten. Mit Salz und Pfeffer würzen.

Dauer der Zubereitung 15 Minuten

Tip: Dazu passen Folienkartoffeln und Salat. Bei Zubereitung ohne Salz haben die Schweinemedaillons ein günstiges Kalium-Natrium-Verhältnis.

Schweinefilet im Apfelbett

Zutaten	g	E	KH	F	kJ	kcal
150 g Schweinefilet im Stück	150	27,9	+	17,9	1146,6	273
1 kl. Zwiebel	30	0,4	1,9	+	42	10
1 Apfel	125	0,4	14,9	0,5	273	65
1 TL Butterschmalz	4	–	+	4	151,2	36
Salz, Majoran, Pfeffer, Weißwein						
Gesamt		**28,7**	**16,8**	**22,4**	**1612,8**	**384**

Zubereitung

Das Fett in einer beschichteten Pfanne erhitzen. Das Schweinefilet von allen Seiten anbraten. Herausnehmen und mit Salz und Majoran würzen.

Die Zwiebel schälen und in Ringe schneiden. In dem Fett goldgelb dünsten. Den Apfel schälen, das Kerngehäuse entfernen und in schmale Spalten schneiden. Zu den Zwiebelringen geben. Mit Salz, Pfeffer und Majoran würzen und das Fleisch zugeben. Etwas Weißwein angießen und bei geschlossenem Deckel 15 Minuten schmoren.

Dauer der Zubereitung 30 Minuten

Tip: Dazu paßt z. B. Reis und Kopfsalat.

Schweinefilet mit Joghurtsoße

Zutaten	g	E	KH	F	kJ	kcal
2-3 Schweinemedaillons	150	27,9	+	17,9	1146,6	273
Salz, Pfeffer,						
Kräuter der Provence						
1 TL Butterschmalz	4	–	+	4	151,2	36
1/2 Becher Joghurt (1,5 % F)	75	2,6	3,1	1,2	138,6	33
1 EL Senf	20	1,5	0,4	0,6	46,2	11
Zitronensaft, Süßstoff						
Gesamt		**32**	**3,5**	**23,7**	**1482,6**	**353**

Zubereitung

Das Fett in einer beschichteten Pfanne erhitzen und die Medaillons von beiden Seiten anbraten. Mit Salz, Pfeffer und Kräutern der Provence würzen. Joghurt und Senf einrühren und 10 Minuten schmoren. Mit Zitronensaft und Süßstoff abschmecken.

Dauer der Zubereitung 25 Minuten

Tip: Dazu paßt z. B. Reis und Salat.

Schweinefilet mit Kräuterkruste

Zutaten	g	E	KH	F	kJ	kcal
150 g Schweinefilet im Stück	150	27,9	+	17,9	1146,6	273
1 Ei	60	7	+	6	344,4	82
6 EL Paniermehl	30	4,2	21,6	0,6	428,4	102
1 TL Kräuter der Provence, Salz, Pfeffer, Knoblauchgewürz						
Gesamt		**39,1**	**21,6**	**24,5**	**1919,4**	**457**

Zubereitung

Schweinefilet waschen und trockentupfen.

Aus Ei, Paniermehl, Kräutern der Provence und Gewürzen eine Paste rühren. Das Fleisch in eine beschichtete Auflaufform legen und mit der Paste bestreichen. Im vorgeheizten Ofen bei 175 °C 30 Minuten braten.

Dauer der Zubereitung 40 Minuten

Tip: Dazu paßt z. B. eine überbackene Kartoffel und frischer Salat.

Kasseler mit Sauerkraut

Zutaten	g	E	KH	F	kJ	kcal
1 mageres Kasseler-Kotelett (o. Knochen)	150	31,4	+	25,5	1495,2	356
1/2 Dose Sauerkraut	150	2,3	2,7	0,5	100,8	24
Gesamt		**33,7**	**2,7**	**26**	**1596**	**380**

Zubereitung

Das Sauerkraut mit etwas Wasser in einen Topf geben. Das Kotelett auf das Kraut legen und 20 bis 30 Minuten köcheln lassen.

Dauer der Zubereitung 30 Minuten

Tip: Das gepökelte Kasseler enthält viel Salz. Es sollte von Personen mit Herz-Kreislauferkrankungen oder Bluthochdruck gemieden werden.

Frikadellen (Buletten)

Zutaten	g	E	KH	F	kJ	kcal
150 g Tartar (Schabefleisch)	150	31	+	15	1096,2	261
1 Ei	60	7	+	6	344,4	82
1 EL Paniermehl (Semmelbrösel)	5	0,7	3,6	0,1	71,4	17
1 Zwiebel	50	0,7	3,1	0,2	71,4	17
Salz, Pfeffer, Paprikapulver						
1 TL Butterschmalz (ersatzweise Öl)	4	–	+	4	151,2	36
Gesamt		**39,4**	**6,7**	**25,3**	**1734,6**	**413**

Zubereitung

Das Paniermehl mit etwas Wasser quellen lassen. Die Zwiebel fein würfeln. Tartar, Ei, gequollenes Paniermehl, Zwiebelwürfel und Gewürze miteinander verkneten und 2 bis 3 Frikadellen formen. Das Butterschmalz in einer beschichteten Pfanne heiß werden lassen und die Frikadellen von beiden Seiten schön braun braten.

Dauer der Zubereitung 20 Minuten

Tip: Die klassische Frikadelle läßt sich mit fast jeder Beilage kombinieren.

Cevapcici

Zutaten	g	E	KH	F	kJ	kcal
150 g Tartar (Schabefleisch)	150	31	+	15	1096,2	261
1 Ei	60	7	+	6	344,4	82
Salz, Pfeffer, Majoran, Paprika, Knoblauchpulver, Tabasco oder Cayennepfeffer						
		38	**+**	**21**	**1440,6**	**343**
Dazu: 1/4 bis 1/2 Gemüsezwiebel	100	1,3	6,2	0,3	138,6	33
Gesamt		**39,3**	**6,2**	**21,3**	**1579,2**	**376**

Zubereitung

Das Tartar mit den übrigen Zutaten mischen und etwa daumengroße Röllchen formen. Unter dem vorgeheizten Grill von allen Seiten knusprig braun braten. Sie sollten innen noch rosa sein.

Die Zwiebel grob würfeln und zum Fleisch reichen.

Dauer der Zubereitung 25 Minuten

Tip: Dazu passen Grillbrote und Salat oder der Reis-Gemüsetopf.

Delikatess-Burger

Zutaten	g	E	KH	F	kJ	kcal
150 g Tartar (Schabefleisch)	150	31	+	15	1096,2	261
1 EL Paniermehl	5	0,7	3,6	0,1	71,4	17
1 kl. Zwiebel	30	0,4	1,9	+	42	10
1 kl. Dose Champignons	110	2,3	0,3	0,3	54,6	13
1 Scheibe Tilsiter (30 % F. i. Tr.)	30	8,6	+	5,2	340,2	81
1 TL Butterschmalz (ersatzweise Öl)	4	–	+	4	151,2	36
Salz, Pfeffer						
Gesamt		**43**	**5,8**	**24,6**	**1755,6**	**418**

Zubereitung

Paniermehl in wenig Wasser quellen lassen.

Die Zwiebel und die Champignons feinhacken und in dem heißen Butterschmalz braun braten. Das Tartar mit dem Paniermehl, der Champignon-Zwiebel-Mischung und den Gewürzen verkneten.

Den Käse in kleine Stücke schneiden und unter den Fleischteig kneten. In der beschichteten Pfanne ohne weitere Fettzugabe 2 Frikadellen knusprig braun braten.

Dauer der Zubereitung 30 Minuten

Tip: Dazu paßt Kartoffelgratin und Tomatensalat.

Ei im Fleischmantel

Zutaten	g	E	KH	F	kJ	kcal
1 hartgekochtes Ei	60	7	+	6	344,4	82
150 g Tartar (Schabefleisch)	150	31	+	15	1096,2	261
1 EL Paniermehl	5	0,7	3,6	0,1	71,4	17
1 Knoblauchzehe	2	0,1	0,6	+	12,6	3
1 TL Tomatenketchup	8	0,1	2,2	+	37,8	9
Salz, Pfeffer,						
1 Messerspitze scharfer Senf,						
einige Tropfen Worcestersauce						
1 TL Butterschmalz						
(ersatzweise Öl)	4	–	+	4	151,2	36
Gesamt		**38,9**	**6,4**	**25,1**	**1713,6**	**408**

Zubereitung

Das Paniermehl in wenig Wasser quellen lassen. Das Tartar mit der gewürfelten Zwiebel, der durchgepreßten Knoblauchzehe, dem gequollenen Paniermehl und den übrigen Gewürzzutaten verkneten. Das Ei pellen und mit dem Fleischteig fest umhüllen. In heißem Fett in einer beschichteten Pfanne von allen Seiten knusprig braun braten.

Dauer der Zubereitung 20 Minuten

Tip: Dazu paßt z. B. Kartoffelpürree, Salat und Ketchup.

Chili con Carne

Zutaten	g	E	KH	F	kJ	kcal
150 g Tartar (Schabefleisch)	150	31	+	15	1096,2	261
1 kl. Zwiebel	30	0,4	1,9	+	42	10
1 TL Butterschmalz	4	–	+	4	151,2	36
1 EL Tomatenmark	30	0,7	2,7	0,2	63	15
1 Peperoni	20	+	1	+	16,8	4
Salz, Pfeffer, Knoblauchpulver, Paprikapulver						
1/2 Dose Kidneybohnen	125	14	36	1	877,8	209
Gesamt		**46,1**	**41,6**	**20,2**	**2247**	**535**

Zubereitung

Das Butterschmalz in einer beschichteten Pfanne erhitzen. Die Zwiebel schälen, würfeln und mit dem Fleisch braun braten. Die Peperoni der Länge nach halbieren und die Kerne entfernen. In feine Streifen schneiden und zu dem Fleisch geben. Mit Wasser ablöschen und Tomatenmark und Gewürze zugeben. Die abgetropften Bohnen einrühren und alles 30 Minuten garen.

Dauer der Zubereitung 40 Minuten

Tip: Neben der klassischen Beilage Brot schmecken auch Pellkartoffeln sehr gut zu Chili con Carne.

Hackfleischtopf Saigon

Zutaten	g	E	KH	F	kJ	kcal
150 g Tartar (Schabefleisch)	150	31	+	15	1096,2	261
1 TL Öl	4	–	+	4	151,2	36
1 TL Sojasoße	5	0,7	0,3	+	21	5
1 kl. Lauchstange	100	1,8	3,4	0,4	100,8	24
150 g Sojabohnensprossen	150	5,7	*	0,8	163,8	39
1/8 l Brühe	125	0,5	0,4	0,5	33,6	8
		39,7	**4,1**	**20,7**	**1566,6**	**373**
Dazu: 1/2 Tasse Reis	50	3,3	39,2	0,3	726,6	173
Gesamt		**43**	**43,3**	**21**	**2293,2**	**546**

Zubereitung

Öl in einer beschichteten Pfanne erhitzen. Das Schabefleisch darin krümelig braten. Den Lauch in feine Streifen schneiden und dazugeben. Kurz mitbraten. Mit Sojasoße und Brühe ablöschen und 10 Minuten schmoren. Direkt vor dem Servieren die abgetropften Sojabohnenkeimlinge dazugeben und kurz erwärmen. Den Reis nach Vorschrift kochen.

Dauer der Zubereitung 25 Minuten

Tip: Dazu paßt ein frischer Salat.

Wurstgulasch

Zutaten	g	E	KH	F	kJ	kcal
1 Zwiebel	50	0,7	3	+	63	15
1/2 Glas Mixed Pickles	80	0,8	3,2	+	67,2	16
2 TL Butterschmalz	8	–	+	8	302,4	72
2 EL Ketchup	40	+	11,2	+	193,2	46
1 Bockwurst	90	11,1	+	22,8	1045,8	249
1 EL Creme fraîche (30 % F)	15	0,4	0,5	4,5	184,8	44
Salz, Pfeffer, Basilikum						
Gesamt		**13**	**17,9**	**35,3**	**1856,4**	**442**

Zubereitung

Die geschälte Zwiebel und die Mixed Pickles grob würfeln und in dem heißen Butterschmalz in einer beschichteten Kasserolle anbraten. Das Würstchen in Scheiben schneiden und kurz mitbraten. Ketchup und Creme fraîche zugeben und mit Salz, Pfeffer und Basilikum pikant abschmecken.

Dauer der Zubereitung 15 Minuten

Tip: Dazu paßt Reis und ein frischer Salat.

Pfeffersteak

Zutaten	g	E	KH	F	kJ	kcal
1 Filetsteak	150	28,8	+	6,6	730,8	174
1 gestr. EL Butterschmalz (ersatzweise Öl)	12	–	+	12	453,6	108
1 EL grüner Pfeffer	10	0,1	0,2	+	4,2	1
Gesamt		**28,9**	**0,2**	**18,6**	**1188,6**	**283**

Zubereitung

Das Steak in dem sehr heißen Butterschmalz (keine beschichtete Pfanne nehmen) von beiden Seiten nach Geschmack braten und mit Salz sowie reichlich frischgemahlenem Pfeffer würzen. Aus der Pfanne nehmen. Den grünen Pfeffer kurz im Bratenfett erhitzen und über das Steak geben.

Dauer der Zubereitung 10 -20 Minuten

Tip: Dazu passen Folienkartoffeln, Grilltomaten und Salat.

Paprika-Steak aus der Folie

Zutaten	g	E	KH	F	kJ	kcal
1 Filetsteak	150	28,8	+	6,6	730,8	174
1 kl. rote Paprikaschote, geputzt	100	1,2	3,1	0,3	84	20
1 kl. Zwiebel	30	0,4	1,9	+	42	10
1/2 TL Butter	2,5	+	+	2	75,6	18
Salz, Pfeffer						
1/2 TL Sojasoße	2,5	+	+	+	12,6	3
Gesamt		**30,4**	**5**	**8,9**	**945**	**225**

Zubereitung

Paprika in feine Streifen schneiden, Zwiebel fein würfeln. Die Butter in einer beschichteten Kasserolle zerlassen und das Gemüse darin 5 Minuten dünsten. Salzen und pfeffern.

Das Steak in einer sehr heißen trockenen Pfanne (nicht beschichtet!) von beiden Seiten schnell bräunen. Salzen und pfeffern.

Das Steak in eine Bratfolie legen und das Gemüse darauf verteilen. Sojasauce und 1 EL Wasser zugeben und die Bratfolie nach Vorschrift verschließen. Im vorgeheizten Backofen bei 250 °C 8 bis 10 Minuten backen.

Dauer der Zubereitung 30 Minuten

Tip: Dazu paßt Reis und Salat.

Gefüllte Lendentasche

Zutaten	g	E	KH	F	kJ	kcal
1 Scheibe Roastbeef	150	30,9	+	10,7	1096,2	261
1 TL Senf	8	0,8	0,2	0,3	25,2	6
Salz, Pfeffer, Knoblauchgewürz, Thymian, Rotwein						
1/2 kl. Stange Lauch	50	1,1	1,7	0,2	54,6	13
50 g Champignons, geputzt	50	1,4	0,2	0,2	33,6	8
1 TL Öl	4	–	+	4	151,2	36
1/8 l Brühe	125	0,5	0,4	0,5	33,6	8
1 TL Sojasoße	5	0,7	0,3	+	21	5
2 EL saure Sahne (10 % F)	30	1	1	3	151,2	36
		36,4	**3,8**	**18,9**	**1566,6**	**373**
Dazu: 1 Roggenbrötchen	45	3,2	20,7	0,6	424,2	101
Gesamt		**39,6**	**24,5**	**19,5**	**1990,8**	**474**

Zubereitung

Die Lendenscheibe mit Senf einreiben und mit Salz, Pfeffer, Thymian und Knoblauch würzen. Den Lauch waschen und in feine Streifen, die Champignons in feine Scheiben schneiden. Das Gemüse auf eine Hälfte der Fleischscheibe häufen, die andere Hälfte zuklappen und mit Zahnstocher zusammenstecken. Die Fleischtasche im heißen Öl auf beiden Seiten anbraten. Die Brühe zugießen und die Tasche bei geschlossener Pfanne ca. 40 Minuten schmoren. Die Fleischtasche herausnehmen und den Bratenfond mit Rotwein, saurer Sahne und Sojasoße abschmecken.

Dauer der Zubereitung 60 Minuten

Tip: Statt des Brötchens kann man z. B. auch Kartoffeln oder Reis zu der gefüllten Lendentasche essen.

Rindfleischtopf Shanghai

Zutaten	g	E	KH	F	kJ	kcal
150 g Rinderfilet	150	28,8	+	6,6	730,8	174
1 TL Sojasoße	5	0,7	0,3	+	21	5
1/2 TL Sherry						
1 kl. Lauchstange	100	2,1	3,4	0,4	105	25
1 Dose Bambussprossen	200	5	10	0,6	277,2	66
1 kl. rote Paprikaschote, geputzt	100	1,2	3,1	0,3	84	20
1 TL Öl	4	–	+	4	151,2	36
Salz, Pfeffer						
		37,8	**16,8**	**11,9**	**1369,2**	**326**
Dazu:						
1/2 Tasse Reis	50	3,3	39,2	0,3	726,6	173
Gesamt		**41,1**	**56**	**12,2**	**2095,8**	**499**

Zubereitung

Filet in Streifen schneiden und in Sherry und Sojasoße 3 Stunden marinieren.

Geputzte Paprikaschote und gewaschene Lauchstangen in feine Streifen schneiden. Das Öl in einer beschichteten Kasserolle erhitzen und die Gemüsestreifen darin braten. Dann herausnehmen.

Das Fleisch aus der Marinade nehmen und in dem heißen Fett schnell anbraten. Die Marinade und das Gemüse zugeben und alles bei kleiner Hitze köcheln lassen. Die Bambussprossen abtropfen lassen und in kleine Stücke schneiden. Erhitzen.

Das Gericht mit Salz abschmecken.

Dauer der Zubereitung 20 Minuten (Marinierzeit 3 Stunden)

Tip: Wer einen Wok besitzt, kann dieses Gericht sehr gut darin zubereiten. Eventuell muß die Ölmenge dann erhöht werden.

Zwiebel-Schmorfleisch

Zutaten	g	E	KH	F	kJ	kcal
150 g Rinderfilet	150	28,8	+	6,6	730,8	174
3 mittelgroße Zwiebeln	150	2	9,3	0,5	210	50
1 TL Öl	4	–	+	4	151,2	36
Salz, Pfeffer, Paprika, Kümmel,						
1/2 Lorbeerblatt						
5 EL Weißwein						
		30,8	**9,3**	**11,1**	**1092**	**260**
Dazu:						
3 mittelgroße Pellkartoffeln	180	3,6	27,8	0,2	537,6	128
Gesamt		**34,4**	**37,1**	**11,3**	**1629,6**	**388**

Zubereitung

Rinderfilet in feine Streifen schneiden, die Zwiebeln fein würfeln. Das Öl in einer beschichteten Pfanne erhitzen und die Zwiebelwürfel glasig dünsten. Die Filetstreifen zugeben und anbraten.

Mit Salz, Pfeffer, Kümmel, Lorbeerblatt und reichlich Paprikapulver würzen, den Wein zugeben und alles 15 Minuten schmoren.

Mit Pellkartoffeln servieren.

Dauer der Zubereitung 30 Minuten

Tip: Dazu paßt Tomatensalat.

Lammkotelett

Zutaten	g	E	KH	F	kJ	kcal
3 Lammkoteletts o. Knochen	150	22,4	+	48	1491	522
Salz, Pfeffer, Knoblauch, Kräuter der Provence (ersatzweise Rosmarin, Thymian, Majoran)						
Gesamt	**150**	**22,4**	**+**	**48**	**1491**	**522**

Zubereitung

Die Lammkoteletts würzen. Sie sollten aufgrund ihres hohen Fettgehaltes möglichst gegrillt werden (Holzkohle- oder Elektro-Grill).

Dauer der Zubereitung 15-20 Minuten

Tip: Dazu paßt Brot, Tomatensalat und Tsatsiki.

Gemüsegerichte

S. 141 - 152

Minestrone

Zutaten	g	E	KH	F	kJ	kcal
50 g Suppennudeln	50	6,5	33,5	1,5	730,8	174
1 Fleischtomate, gehäutet	100	1	2,9	0,2	71,4	17
1 kleine Zucchini	100	1,6	2,2	0,4	79,8	19
1 kleine rote Paprikaschote	100	1,2	3,1	0,3	84	20
1 Knoblauchzehe	2	0,1	0,6	+	12,6	3
1 TL Öl	4	–	+	4	151,2	36
1/4 l Brühe	250	1	0,8	1	67,2	16
Pfeffer, Thymian, Basilikum, Salz						
3 TL Parmesankäse (30 % F. i. Tr.)	25	8,9	+	6,5	394,8	94
Gesamt		**20,3**	**43,1**	**13,9**	**1591,8**	**379**
Bei Zubereitung des gleichen Gerichtes mit Vollkornnudeln		**21,3**	**41,6**	**13,9**	**1583,4**	**377**

Zubereitung

Die Nudeln nach Vorschrift kochen.

Die gehäutete Tomate grob würfeln, die Zucchini vom Stengelansatz befreien und in dünne Scheiben, die Paprikaschote in feine Streifen schneiden. Das Öl in einer beschichteten Kasserolle erhitzen und die geschälte, feingewürfelte oder zerdrückte Knoblauchzehe darin goldgelb dünsten. Das Gemüse zugeben und weitere 5 Minuten dünsten. Die Brühe angießen und nach Geschmack mit Salz und Pfeffer, Thymian und Basilikum würzen. Zugedeckt etwa 10 Minuten kochen lassen. Dann die gegarten Nudeln zugeben. Den fertigen Eintopf mit geriebenem Parmesan bestreuen.

Dauer der Zubereitung 30 Minuten

Tip: Dazu paßt Brot.

Maiseintopf

Zutaten	g	E	KH	F	kJ	kcal
1/2 Dose Mais	140	3,8	11,2	1,7	319,2	76
1 kl. Zwiebel	30	0,4	1,9	+	42	10
1 Kartoffel	60	1,2	9,2	0,1	180,6	43
4 Scheiben Lachsschinken ohne Fettrand	30	8,9	+	0,9	189	45
1 kl. rote Paprikaschote	100	1,2	3,1	0,3	84	20
1/4 l Brühe	250	1	0,8	1	67,2	16
1 EL Creme fraîche (30 % F)	15	0,4	0,5	4,5	184,8	44
Gesamt		**16,9**	**26,7**	**8,5**	**1066,8**	**254**

Zubereitung

Kartoffel und Zwiebel schälen und würfeln. Die Paprikaschote putzen und in feine Streifen schneiden. Das Gemüse und den feingeschnittenen Schinken mit der Brühe aufkochen und 15 Minuten köcheln lassen. Die abgetropften Maiskörner zugeben und noch einmal 15 Minuten köcheln lassen. Vor dem Servieren die Creme fraîche einrühren und mit frischgemahlenem Pfeffer würzen.

Dauer der Zubereitung 40 Minuten

Tip: Dazu paßt Brot.

Spargel, klassisch

Zutaten	g	E	KH	F	kJ	kcal
1 Pfd. Spargel	500	9,5	6,5	0,5	126	30
3 mittelgroße Kartoffeln	180	3,3	27,8	0,2	537,6	128
4 Scheiben Lachsschinken ohne Fettrand	30	8,9	+	0,9	189	45
1 Scheibe Kochschinken	30	5,9	+	3,8	252	60
Gesamt		**27,6**	**34,3**	**5,4**	**1104,6**	**263**
Dazu:						
Butter nach Geschmack, pro TL	5	+	+	4	151,2	36

Zubereitung

Den Spargel schälen und das untere Ende abschneiden. Den Spargel in reichlich kochendem Salzwasser liegend oder stehend ca. 25 Minuten garen. Die Kartoffeln als Pellkartoffeln, Petersilien- oder Dillkartoffeln dazu reichen. Mit dem Schinken zusammen anrichten. Die Butter zerlassen und über Spargel und Kartoffeln geben.

Dauer der Zubereitung 45 Minuten

Tip: Dazu paßt ein trockener Weißwein.

Spinat

Zutaten	g	E	KH	F	kJ	kcal
1 Päckchen Rahmspinat (TK)	200	6,4	11,2	5,8	604,8	144
1 kl. Dose Champignons, geschnitten	110	2,3	0,3	0,3	54,6	13
Zwiebelgewürz, Muskat						
		8,7	**11,5**	**6,1**	**659,4**	**157**
Dazu:						
3 Pellkartoffeln	180	3,6	27,8	0,2	537,6	128
2 Eier, weichgekocht	120	14	+	12	688,8	164
Gesamt		**26,3**	**39,3**	**18,3**	**1885,8**	**449**

Zubereitung

Den Rahmspinat nach Vorschrift erhitzen. Die abgetropften Champignons zugeben und mit erhitzen. Mit Zwiebelgewürz und Muskat abschmecken.

Dauer der Zubereitung 30 Minuten

Tip:

Gratinierte Champignons

Zutaten	g	E	KH	F	kJ	kcal
1 Schale Champignons	250	6,8	0,8	0,8	159,6	38
1 Zwiebel	50	0,7	3	+	63	15
1 TL Butterschmalz	4	–	+	4	151,2	36
Salz, Pfeffer						
6 Scheiben Lachsschinken ohne Fettrand	45	13,4	+	1,3	285,6	68
1 EL Creme fraîche (30 % F)	15	0,4	0,5	4,5	184,8	44
1 EL Semmelbrösel	5	0,7	3,6	0,1	71,4	17
3 TL Parmesankäse (30 % F. i. Tr.)	25	8,9	+	6,5	394,8	94
Gesamt		**30,9**	**7,9**	**17,2**	**1318,8**	**312**

Zubereitung

Die Champignons putzen und in Scheiben schneiden, die Zwiebel schälen und fein würfeln. Das Butterschmalz in einer beschichteten Kasserolle erhitzen und Champignonscheiben und Zwiebelwürfel darin dünsten. Den Schinken in Streifen schneiden.

In einer beschichteten Auflaufform Gemüse, Schinkenstreifen und Creme fraîche mischen. Mit einem Gemenge aus Semmelbröseln und Parmesan bestreuen und im vorgeheizten Ofen bei 220 °C etwa 10 Minuten überbacken.

Dauer der Zubereitung 30 Minuten

Tip: Dazu paßt Weißbrot oder Kartoffelpürree.

Broccoli al forno

Zutaten	g	E	KH	F	kJ	kcal
1 Packung Broccoli (TK)	300	10,5	6	0,6	302,4	72
1/2 Päckchen helle Soße (Instant)		2,5	8,8	3,8	340,2	81
1 Portionsecke Schmelzkäse (20 % F)	31,25	6	3	3	264,6	63
Muskatnuß						
1 Scheibe Kochschinken	30	5,9	+	3,8	243,6	58
		24,9	**17,8**	**11,2**	**1150,8**	**274**
Dazu:						
2 mittelgroße Pellkartoffeln		2,4	18,5	0,1	357	85
Gesamt		**27,3**	**36,3**	**11,3**	**1507,8**	**359**

Zubereitung

Broccoli in wenig Salzwasser gar dünsten. Helle Soße nach Vorschrift mit dem Broccoliwasser herstellen. Den Käse darin auflösen und die Soße mit Muskatnuß würzen. Den Schinken kleinschneiden und in die Soße geben. Broccoli in eine feuerfeste beschichtete Form legen, mit der Soße überziehen und im vorgeheizten Ofen auf oberster Einschubleiste bei 220 °C 10 Minuten überbacken.

Die Pellkartoffeln dazu reichen.

Dauer der Zubereitung 35 Minuten

Tip:

Käsetomaten

Zutaten	g	E	KH	F	kJ	kcal
2 Fleischtomaten	200	2	5,8	0,4	142,8	34
2 Knoblauchzehen	4	0,2	1,2	+	25,2	6
1 Päckchen Kräuter (TK)	25	*	*	*	33,6	8
100 g Schafskäse	100	~27	+	~24	1360,8	324
Pfeffer						
Gesamt		**29,2**	**7**	**24,4**	**1562,4**	**372**

Zubereitung

Die Tomaten waschen, einen Deckel abschneiden und mit einem Löffel aushöhlen. Den Schafskäse mit einer Gabel zerdrücken, mit den Kräutern und den zerdrückten Knoblauchzehen mischen und in die Tomaten füllen. In eine beschichtete Auflaufform setzen und im vorgeheizten Ofen bei 220 °C ca. 15 Minuten backen. Vor dem Genießen mit frischgemahlenem Pfeffer würzen.

Dauer der Zubereitung 25 Minuten

Tip: Dazu paßt Weißbrot oder Reis und als Getränk ein kräftiger Roséwein oder ein griechischer Retzina (geharzter Weißwein).

Gebackene Sojakeimlinge

Zutaten	g	E	KH	F	kJ	kcal
1 Lauchstange	200	4,2	6,9	0,6	210	50
1 kleine rote Paprikaschote	100	1,6	2,2	0,4	79,8	19
1 Glas Sojakeimlinge	150	5,7	*	0,8	163,8	39
1 TL Öl	4	–	+	4	151,2	36
3 Scheiben Putenbrustaufschnitt	100	24,1	+	1	441	105
1 EL Creme fraîche (30 % F)	15	0,4	0,5	4,5	184,8	44
1 kleine Ecke Schmelzkäse (8 % F)	25	3,7	2	2	172,2	41
1 Ei	60	7	+	6	344,4	82
Paprikapulver, Pfeffer						
Gesamt		**46,7**	**11,6**	**19,3**	**1747,2**	**416**

Zubereitung

Lauch putzen und in feine Ringe schneiden, die Paprikaschote fein würfeln. Das Öl in einer beschichteten Kasserolle erhitzen und Lauch und Paprika darin dünsten. Das halbgare Gemüse in einer Auflaufform mit den abgetropften Sojakeimlingen und den Putenbruststreifen mischen. Creme fraîche, Ei und Schmelzkäse cremig rühren, mit Paprikapulver und Pfeffer würzen und über das Gemüse geben. Im vorgeheizten Ofen bei 200 °C ca. 15 Minuten überbacken.

Dauer der Zubereitung 30 Minuten

Tip: Dazu paßt Reis.

Gefüllte Zucchini

Zutaten	g	E	KH	F	kJ	kcal
2 mittelgroße Zucchini	300	4,8	6,6	1,2	239,4	57
150 g Tartar (Schabefleisch)	150	31	+	15	1096,2	261
1 TL Senf	8	0,8	0,2	0,3	25,2	6
1 TL Sojasoße	5	0,7	0,3	+	16,8	4
Salz, Pfeffer, Paprika, Oregano						
2 Tomaten, gehäutet	100	1	2,9	0,2	71,4	17
1 Knoblauchzehe	2	0,1	0,6	+	12,6	3
Oregano, Thymian						
		38,4	**10,6**	**16,7**	**1461,6**	**348**
Dazu:						
1 Brötchen	42	3,3	22,3	0,6	453,6	108
Gesamt		**41,7**	**32,9**	**17,3**	**1915,2**	**456**

Zubereitung

Die Zucchini waschen, 10 Minuten in etwas Salzwasser kochen, herausnehmen und abtropfen lassen. Aus Tartar, Senf, Sojasoße, Salz, Pfeffer, Paprika und Oregano einen Fleischteig rühren. Die Tomaten grob, den Knoblauch fein hacken, mischen, salzen und pfeffern. Die Zucchini halbieren, mit einem Löffel etwas aushöhlen und mit dem Fleisch füllen. Nebeneinander in eine beschichtete Auflaufform setzen und die Tomaten darüber verteilen. Auf mittlerer Schiene bei 220 °C im vorgeheizten Ofen 20 bis 30 Minuten backen.

Dauer der Zubereitung 50 Minuten

Tip: Statt eines Brötchens passen auch Reis oder Nudeln zu den gefüllten Zucchini.

Kohlrabi-Gratin

Zutaten	g	E	KH	F	kJ	kcal
2 kl. Knollen Kohlrabi, geputzt	250	5	10	+	260,4	62
150 g Tartar (Schabefleisch)	150	31	+	15	1096,2	261
1 TL Margarine	5	+	+	4	151,2	36
1 kl. Zwiebel	30	0,4	1,9	+	42	10
Pfeffer, Liebstöckel						
1/2 Päckchen helle Soße i. D.		2,5	8,8	3,8	340,2	81
1/8 l fettarme Milch (1,5 % F)	125	4,3	6,1	1,9	247,8	59
1 Portionsecke Schmelzkäse (20 % F. i. Tr.)	31,25	6	3	3	264,6	63
		49,2	**29,8**	**27,7**	**2402,4**	**572**
Dazu:						
2 mittelgroße Pellkartoffeln	120	2,4	18,5	0,1	357	85
Gesamt		**51,6**	**48,3**	**27,8**	**2759,4**	**657**

Zubereitung

Die geputzten Kohlrabiknollen in Scheiben schneiden und in wenig Salzwasser halbgar dünsten. Die Margarine in einer beschichteten Pfanne erhitzen und das Tartar mit der gewürfelten Zwiebel unter ständigem Wenden anbraten. Mit Pfeffer und Liebstöckel (Salz nicht notwendig) würzen.

Die helle Soße nach Packungsvorschrift mit der Milch herstellen. Den Schmelzkäse darin zergehen lassen und die Soße mit Muskatnuß abschmecken. Kohlrabischeiben und Fleisch in eine beschichtete Auflaufform schichten, mit der Soße überziehen und im vorgeheizten Ofen (200 °C) auf der oberen Einschubleiste 15 Minuten überbacken.

Dauer der Zubereitung 45 Minuten

Tip: Bei der Verwendung von Liebstöckel („Maggikraut") immer vorsichtig mit Salz würzen.

Eierspeisen

S. 153 - 168

Strammmer Max mit rohem Schinken

Zutaten	g	E	KH	F	kJ	kcal
2 Scheiben Roggenbrot	90	6,3	41,4	1,3	852,6	203
8 Scheiben Lachsschinken ohne Fettrand	60	17,8	+	1,8	378	90
2 Eier	120	14	+	12	688,8	164
1/2 TL Margarine	2,5	+	+	2	75,6	18
wenig Salz, Pfeffer, Paprika, 1 große Gewürzgurke	100	1	3	+	67,2	16
Gesamt		**39,1**	**44,4**	**17,1**	**2062,2**	**491**

Zubereitung

Die Margarine in einer beschichteten Pfanne erhitzen und 2 Spiegeleier braten. Mit wenig Salz, Pfeffer und Paprika würzen. Die beiden Scheiben Brot mit dem Schinken belegen und die Spiegeleier daraufgeben. Auf einem Holzbrett mit der Gewürzgurke garniert servieren.

Dauer der Zubereitung 10 Minuten

Tip:

Strammer Max mit Kochschinken

Zutaten	g	E	KH	F	kJ	kcal
2 Scheiben Grahambrot	80	6	32,8	1,2	697,2	166
2 Scheiben Kochschinken	60	11,8	+	7,6	487,2	116
2 Eier	120	14	+	12	688,8	164
1/2 TL Margarine	2,5	+	+	2	75,6	18
wenig Salz, Pfeffer, Paprika						
2 Tomaten	100	1	2,9	0,2	71,4	17
Gesamt		**32,8**	**35,7**	**23**	**2020,2**	**481**

Zubereitung

Das Grahambrot mit dem Kochschinken belegen. In einer beschichteten Pfanne 2 Spiegeleier braten und mit Pfeffer, Paprika und wenig Salz würzen.

Die Spiegeleier auf die belegten Brotscheiben geben und mit den Tomaten garnieren.

Dauer der Zubereitung 10 Minuten

Tip:

Rührei mit Champignons

Zutaten	g	E	KH	F	kJ	kcal
1 Dose Champignons	200	4,2	0,6	0,6	100,8	24
1 kl. Zwiebel	30	0,4	1,9	+	42	10
1 TL Margarine	5	+	+	4	151,2	36
3 Eier	180	21	+	18	1033,2	246
6 EL fettarme Milch (1,5 % F)	75	2,4	3,6	1,2	151,2	36
Liebstöckel, weißer Pfeffer						
1 EL Petersilie	4-5	+	+	–	12,6	3
		28	**6,1**	**23,8**	**1491**	**355**
Dazu:						
2 Scheiben Graubrot	90	6,3	41,4	1,3	852,6	203
Gesamt		**34,3**	**47,5**	**25,1**	**2343,6**	**558**

Zubereitung

Die Margarine in einer beschichteten Pfanne zerlassen. Die abgetropften Champignons sowie die Zwiebelwürfel darin anbraten. Die Eier mit der Milch, dem Liebstöckel (Verwendung von Salz nicht nötig) und wenig weißem Pfeffer verquirlen und über die Champignons geben. Unter mehrmaligem Wenden stocken lassen. Mit der gehackten Petersilie bestreuen und mit Grahambrot servieren.

Dauer der Zubereitung 10 Minuten

Tip:

Rührei mit Schinken

Zutaten	g	E	KH	F	kJ	kcal
2 Eier	120	14	+	12	688,8	164
4 EL fettarme Milch (1,5 % F)	50	1,6	2,4	0,8	100,8	24
8 Scheiben Lachsschinken ohne Fettrand	60	17,8	+	1,8	378	90
Pfeffer, Paprika						
1/2 TL Margarine	2,5	+	+	2	75,6	18
		33,4	**2,4**	**16,6**	**1243,2**	**296**
Dazu:						
1 Roggenbrötchen	45	3,2	20,7	0,6	424,2	101
Gesamt		**36,6**	**23,1**	**17,2**	**1667,4**	**397**

Zubereitung

Die Eier mit der Milch verquirlen und mit Pfeffer und Paprika würzen. Den Schinken in feine Streifen schneiden und zu dem Ei geben. Die Margarine in einer beschichteten Pfanne erhitzen, die Eimasse hineingeben und unter Rühren stocken lassen.

Dauer der Zubereitung 10 Minuten

Tip:

Kräuter-Rührei

Zutaten	g	E	KH	F	kJ	kcal
3 Eier	180	21	+	18	1033,2	246
6 EL fettarme Milch (1,5 % F)	75	2,4	3,6	1,2	151,2	36
wenig Salz, Pfeffer						
2 EL frische gehackte Kräuter	8-10	*	*	*	16,8	4
1 TL Margarine	5	+	+	4	151,2	36
		23,4	**3,6**	**23,2**	**1352,4**	**322**
Dazu:						
2 Scheiben Graubrot	90	6,3	41,4	1,3	852,6	203
Gesamt		**29,7**	**45**	**24,5**	**2205**	**525**

Zubereitung

Die Margarine in einer beschichteten Pfanne zerlassen. Die Eier mit der Milch, den Gewürzen und den Kräutern verquirlen und in das heiße Fett geben. Unter mehrmaligem Rühren stocken lassen.

Dauer der Zubereitung 10 Minuten

Tip:

Tomaten-Spiegelei

Zutaten	g	E	KH	F	kJ	kcal
2 Tomaten	100	1	2,9	0,2	71,4	17
2 Eier	120	14	+	12	688,8	164
1 TL Butterschmalz	4	–	–	4	151,2	36
Salz, Pfeffer, Zwiebelgewürz						
Gesamt		**15**	**2,9**	**12,6**	**911,4**	**217**

Zubereitung

Die Tomaten in Scheiben schneiden und den Stengelansatz entfernen.

Das Butterschmalz in einer beschichteten Pfanne zerlassen und die Tomatenscheiben hineingeben. Mit Salz, Pfeffer und Zwiebelgewürz bestreuen. Die Eier aufschlagen und vorsichtig auf die Tomaten gleiten lassen. Bei schwacher Hitze stocken lassen.

Dauer der Zubereitung 15 Minuten

Tip:

Seemanns-Frühstück

Zutaten	g	E	KH	F	kJ	kcal
3 mittelgroße Kartoffeln	180	3,6	27,8	0,2	537,6	128
1 EL Butterschmalz	12	+	–	12	453,6	108
1 kl. Dose Krabben	80	13,9	+	2	310,8	74
1 kl. Gewürzgurke	50	0,5	1,5	+	33,6	8
2 Eier	120	14	+	12	688,8	164
Salz, weißer Pfeffer, Dillspitzen						
Gesamt		**32**	**29,3**	**26,2**	**2024,4**	**482**

Zubereitung

Die Kartoffeln mit der Schale gar kochen, schälen und erkaltet in Scheiben schneiden. Das Butterschmalz in einer beschichteten Pfanne zerlassen und die Kartoffelscheiben darin knusprig braun braten. Die Gurke in kleine Würfel schneiden und mit den abgetropften Krabben zu den Kartoffeln geben. Die Eier verquirlen, mit Salz und weißem Pfeffer würzen und über die Kartoffeln gießen. Bei kleiner Hitze stocken lassen und mit den Dillspitzen bestreut genießen.

Dauer der Zubereitung 60 Minuten

Tip:

Bauernfrühstück

Zutaten	g	E	KH	F	kJ	kcal
3 mittelgroße Kartoffeln, gekocht	180	3,6	27,8	0,2	537,6	128
1 EL Margarine	15	+	+	12	453,6	108
2 Eier	120	14	+	12	688,8	164
2 EL fettarme Milch (1,5 % F)		0,8	1,2	0,4	50	12
1 kl. Zwiebel	30	0,4	1,9	+	42	10
Salz, Pfeffer, Paprika						
8 Scheiben Lachsschinken, geräuchert	60	17,8	+	1,8	378	90
1 EL Schnittlauchröllchen	5	+	+	–	8,4	2
Gesamt		**36,6**	**30,9**	**26,4**	**2158,4**	**514**

Zubereitung

Die gekochten Kartoffeln würfeln. Die Margarine in einer beschichteten Pfanne zerlassen und die Kartoffelwürfel dann goldbraun braten. Mit Salz (wenig) und Pfeffer würzen. Die Eier mit der Milch, der geriebenen Zwiebel, Salz, Pfeffer und Paprika verquirlen und über die Kartoffeln gießen. Die Schinkenscheiben zerpflücken und auf der Eimasse verteilen. Mit Schnittlauchröllchen bestreuen und backen, bis die Eimasse gestockt ist.

Dauer der Zubereitung 20 Minuten

Tip: Dazu paßt ein frischer Salat oder auch eine Gewürzgurke.

Ei-Gemüse-Pfanne

Zutaten	g	E	KH	F	kJ	kcal
1 kl. rote Paprikaschote, geputzt	100	1,2	3,1	0,3	84	20
1/2 Dose Gemüsemais	140	3,8	11,2	1,7	319,2	76
1 kl. Zucchini	100	1,6	2,2	0,4	79,8	19
1 EL Margarine	15	+	+	12	453,6	108
3 Eier	180	21	+	18	1033,2	246
3 EL fettarme Milch (1,5 % F)		1,2	1,8	0,6	75,6	18
Salz, Pfeffer, Basilikum						
		28,8	**18,3**	**33**	**2045,4**	**487**
Dazu:						
1 Roggenbrötchen	45	3,2	20,7	0,6	424,2	101
Gesamt		**32**	**39**	**33,6**	**2469,6**	**588**

Zubereitung

Paprikaschote putzen und in Streifen schneiden, Zucchini waschen und in Scheiben schneiden. Die Margarine in einer beschichteten Pfanne zerlassen und das Gemüse darin 5 Minuten schmoren. Die Eier mit der Milch und den Gewürzen verquirlen. Die abgetropften Maiskörner zu dem Gemüse in die Pfanne geben, die Eimasse darübergießen und backen, bis sie gestockt ist.

Dauer der Zubereitung 20 Minuten

Tip: Für dieses Gericht eignet sich fast jedes Gemüse.

Eierfrikassee

Zutaten	g	E	KH	F	kJ	kcal
2 hartgekochte Eier	120	14	+	12	688,8	164
1/2 Päckchen helle Soße i. D.		2,5	8,8	3,8	340,2	81
1/8 l fettarme Milch (1,5 % F)	125	4,3	6,1	1,9	247,8	59
1 kl. Dose Erbsen	120	6,5	12,5	0,6	344,4	82
weißer Pfeffer, Zitronensaft						
		27,3	**27,4**	**18,3**	**1621,2**	**386**
Dazu:						
2 mittelgroße Pellkartoffeln	120	2,4	18,5	0,1	357	85
Gesamt		**29,7**	**45,9**	**18,4**	**1978,2**	**471**

Zubereitung

Die helle Soße nach Vorschrift mit der Milch zubereiten und die grobgehackten Eier sowie die Erbsen darin erwärmen. Mit weißem Pfeffer und Zitronensaft pikant abschmecken. Die Pellkartoffeln dazu reichen.

Dauer der Zubereitung 30 Minuten

Tip: Dazu schmeckt ein frischer Salat.

Eierkuchen

Zutaten	g	E	KH	F	kJ	kcal
5 gestrichene EL Mehl	100	10,6	72	1	1423,8	339
2 Eier	120	14	+	12	688,8	164
1/8 l Milch (1,5 % F)	125	4,3	6,1	1,9	247,8	59
1 Prise Salz						
1 EL Margarine	15	+	+	12	453,6	108
		28,9	**78,1**	**26,9**	**2814**	**670**
für süße Eierkuchen zusätzlich:						
1/2 Päckchen Vanillezucker	4	–	4	–	67,2	16
flüssiger Süßstoff						
Gesamt		**28,9**	**82,1**	**26,9**	**2881,2**	**686**

Zubereitung

Das Mehl mit dem Ei verrühren. Die Milch nach und nach unter kräftigem Schlagen mit einem Schneebesen dazugießen. Die Gewürze einrühren. Wenig Margarine in einer beschichteten Pfanne zerlassen und soviel Teig hineingeben, daß der Boden gerade bedeckt ist. Nach 3 bis 4 Minuten den Eierkuchen wenden und von der anderen Seite auch goldbraun backen. Vor jedem neuen Eierkuchen wiederum wenig Margarine in der Pfanne zergehen lassen.

Dauer der Zubereitung 30 Minuten

Tip: Als Füllung eignet sich jede Art von frischem oder gekochtem Obst, Marmelade, Honig oder auch Nuß-Nougat-Creme.

Eierkuchenfüllung I

Zutaten	g	E	KH	F	kJ	kcal
250 g Spargel (Dose)	250	4,3	3	0,3	138,6	33
2 Scheiben Kochschinken	60	11,8	+	7,6	487,2	116
Gesamt		**16,1**	**3**	**7,9**	**625,8**	**149**

Zubereitung

2 Eierkuchen mit je einer Scheibe Schinken und dem abgetropften Spargel belegen und aufrollen. Die Eierkuchen in eine beschichtete Form legen und im vorgeheizten Backofen 10 Minuten auf der oberen Schiene bei 200 °C wärmen.

Dauer der Zubereitung 15 Minuten

Tip: Die Eierkuchen können zusätzlich mit Käse überbacken werden.

Eierkuchenfüllung II

Zutaten	g	E	KH	F	kJ	kcal
100 g Krabben (Dose)	100	17,4	+	2,5	386,4	92
1 kl. Zwiebel	30	0,4	1,9	+	42	10
1 Knoblauchzehe	2	0,1	0,6	+	12,5	3
2 geschälte Tomaten	100	1	2,9	0,2	71,4	17
1 TL Margarine	5	+	+	4	151,2	36
4 EL Weißwein						
Dill, Basilikum, Pfeffer						
Gesamt		**18,9**	**5,4**	**6,7**	**663,5**	**158**

Zubereitung

Die Margarine in einer beschichteten Pfanne oder Kasserolle schmelzen. Zwiebel und Knoblauchzehe schälen und ganz fein würfeln. In der zerlassenen Margarine andünsten (dürfen nicht braun werden).

Die Tomaten zerhacken und mit dem Wein dazurühren. 8 Minuten köcheln lassen. Die Krabben zugeben und warm werden lassen. Mit Dill, Basilikum und Pfeffer abschmecken. Die Eierkuchen mit der Masse füllen.

Dauer der Zubereitung 15 Minuten

Tip:

Eierkuchenfüllung III

Zutaten	g	E	KH	F	kJ	kcal
150 g Rinderfilet	150	28,8	+	6,6	730,8	174
1 kl. Zwiebel	30	0,4	1,9	+	42	10
1 kl. Gewürzgurke	50	0,5	1,5	+	33,6	8
1/8 l Brühe	125	0,5	0,4	0,5	33,6	8
1 EL saure Sahne (10 % F)	15	0,5	0,6	1,5	75,6	18
1 EL Margarine	15	+	+	12	453,6	108
1 TL milder Senf	8	0,8	0,2	0,3	25,2	6
Salz, schwarzer Pfeffer						
Gesamt		**31,5**	**4,6**	**20,9**	**1394,4**	**332**

Zubereitung

Die Margarine in einer beschichteten Pfanne zerlassen. Das Filet in Streifen, die Zwiebel in Würfel schneiden und beides in dem heißen Fett anbraten. Mit der heißen Brühe ablöschen und 15 Minuten bei geschlossenem Deckel schmoren. Die Gewürzgurke in feine Streifen schneiden. Senf, saure Sahne und Gurkenstreifen zu dem Fleisch in die Pfanne geben und etwas einkochen lassen. Eierkuchen damit füllen.

Dauer der Zubereitung 25 Minuten

Tip: Diese Eierkuchenfüllung kann man auch als eigenständiges Gericht mit Reis und Salat essen.

Nudelgerichte

S. 169 - 180

Nudeln mit Ketchup

Zutaten	g	E	KH	F	kJ	kcal
1/2 Päckchen Nudeln	125	16,3	83,8	3,8	1822,8	434
1 TL Butter	5	+	+	4	151,2	36
2 EL Tomatenketchup	40	+	11,2	+	193,2	46
Gesamt		**16,3**	**95**	**7,8**	**2167,2**	**516**
Bei Zubereitung des gleichen Gerichts mit Vollkornnudeln		**18,8**	**91,2**	**7,8**	**2146,2**	**515**

Zubereitung

Die Nudeln nach Vorschrift kochen und abschrecken. In der heißen Butter kurz andünsten. Mit dem Ketchup servieren.

Dauer der Zubereitung 15 Minuten

Tip: Dazu paßt z. B. ein Gurkensalat.

Nudeln mit Fleischsoße

Zutaten	g	E	KH	F	kJ	kcal
1/2 Päckchen Nudeln	125	16,3	83,8	3,8	1822,8	434
100 g Tartar (Schabefleisch)	100	20,7	+	10	730,8	174
1 kl. Zwiebel	30	0,4	1,9	+	42	10
1 TL Margarine	5	+	+	4	151,2	36
1 kl. grüne Paprikaschote, geputzt	100	1,2	3,1	0,3	84	20
1/8 l Brühe	125	0,5	0,4	0,5	33,6	8
4 EL Rotwein						
2 EL Tomatenmark	60	1,4	5,4	0,3	126	30
wenig Salz, Pfeffer, Oregano, Basilikum, evtl. Cayenne-Pfeffer						
Gesamt		**40,5**	**94,6**	**18,9**	**2990,4**	**712**
Bei Zubereitung des gleichen Gerichts mit Vollkornnudeln		**43**	**90,8**	**18,9**	**2969,4**	**707**

Zubereitung

Die Nudeln nach Anweisung auf der Packung kochen.

Die Margarine in einer beschichteten Pfanne erhitzen und das Tartar und die Zwiebelwürfel darin unter ständigem Wenden anbraten.

Die Paprikaschote würfeln und ganz kurz mitbraten. Mit Brühe und Wein ablöschen und das Tomatenmark einrühren. Mit Pfeffer, Oregano, Basilikum, wenig Salz und evtl. Cayenne-Pfeffer würzen.

10 Minuten auf kleiner Flamme köcheln lassen und zu den Nudeln reichen.

Dauer der Zubereitung 25 Minuten

Tip: Dazu paßt Kopfsalat und ein leichter Rotwein.

Nudeln mit Kräuterquark

Zutaten	g	E	KH	F	kJ	kcal
1/2 Päckchen Nudeln	125	16,3	83,8	3,8	1822,8	434
1 mittelgroße Zwiebel	50	0,7	3	+	63	15
2 Scheiben Kochschinken	60	11,7	+	7,7	487,2	116
1 TL Öl	4	–	+	4	151,2	36
1 Päckchen Kräuterquark (10 % F, Fertigprodukt)	200	25,4	4	4,8	676,2	161
Gesamt		**54,1**	**90,8**	**20,3**	**3200,4**	**762**
Bei Zubereitung des gleichen Gerichts mit Vollkornnudeln		**56,6**	**87**	**20,3**	**3179,4**	**757**

Zubereitung

Die Nudeln nach Vorschrift kochen.

Schinken und Zwiebel würfeln und in einer beschichteten Pfanne in dem Öl anbraten. Den Kräuterquark zugeben und kurz erwärmen. Die Quarksoße über die fertigen Nudeln geben.

Dauer der Zubereitung 15 Minuten

Tip: Dazu paßt Tomatensalat und ein kühles Bier.

Spaghetti mit Thunfisch

Zutaten	g	E	KH	F	kJ	kcal
1/2 Päckchen Spaghetti	125	16,3	83,8	3,8	1822,8	434
1 Dose Thunfisch, naturelle	150	29,9	–	2,5	596,4	142
1 kl. Zwiebel	30	0,4	1,9	+	42	10
1 TL Margarine	5	+	+	4	151,2	36
1/8 l Brühe	125	0,5	0,4	0,5	33,6	8
2 EL Tomatenmark	60	1,4	5,4	0,3	126	30
Pfeffer, Oregano, Knoblauchpulver						
Gesamt		**48,5**	**91,5**	**11,1**	**2772**	**660**
Bei Zubereitung des gleichen Gerichts mit Vollkornnudeln		**51**	**87,7**	**11,1**	**2751**	**655**

Zubereitung

Spaghetti nach Vorschrift kochen.

Die Zwiebel fein würfeln und in der heißen Margarine in einer beschichteten Pfanne goldgelb dünsten. Den abgetropften, zerpflückten Thunfisch, das Tomatenmark und die Brühe zugeben, würzen und bei mittlerer Hitze einkochen lassen.

Die fertigen Spaghetti mit der Thunfischsauce mischen.

Dauer der Zubereitung 15 Minuten

Tip: Dazu paßt Kopfsalat mit Joghurtsoße.

Nudel-Champignon-Pfanne

Zutaten	g	E	KH	F	kJ	kcal
1/2 Päckchen Nudeln	125	16,3	83,8	3,8	1822,8	434
1 Dose Champignons	200	4,2	0,6	0,6	100,8	24
1 TL Margarine	5	+	+	4	151,2	36
Salz, Pfeffer, Zwiebelgewürz, Paprika edelsüß						
2 EL Tomatenketchup	40	+	11,2	–	193,2	46
Gesamt		**20,5**	**95,6**	**8,4**	**2268**	**540**
Bei Zubereitung des gleichen Gerichts mit Vollkornnudeln		**23**	**91,8**	**8,4**	**2247**	**535**

Zubereitung

Nudeln nach Anweisung kochen.

Margarine in einer beschichteten Pfanne zerlassen und die abgetropften Champignons darin braun braten. Die abgeschreckten Nudeln dazugeben und alles 10 Minuten durchbraten. Mit Salz, Pfeffer, Paprika und Zwiebelgewürz pikant abschmecken.

Ketchup dazu reichen.

Dauer der Zubereitung 20 Minuten

Tip: Dazu paßt ein frischer Salat.

Nudelomelett

Zutaten	g	E	KH	F	kJ	kcal
1/2 Päckchen Nudeln	125	16,3	83,8	3,8	1822,8	434
1 Zwiebel	50	0,7	3	+	63	15
2 Eier	120	14	+	12	688,8	164
4 EL fettarme Milch (1,5 % F)		1,6	2,4	0,8	100,8	24
1 kl. Dose Erbsen	120	6,5	12,5	0,6	344,4	82
1/2 TL Margarine	2,5	+	+	2	75,6	18
1/2 Päckchen Tomatensoße (Instant)		2,5	13,8	1,3	315	75
Salz, Pfeffer, Knoblauchpulver						
Gesamt		**41,6**	**115,5**	**20,5**	**3410,4**	**812**
Bei Zubereitung des gleichen Gerichts mit Vollkornnudeln		**44,1**	**111,7**	**20,5**	**2577,4**	**807**

Zubereitung

Die Nudeln nach Vorschrift kochen.

Die Margarine in einer beschichteten Pfanne zerlassen. Die Zwiebeln würfeln und zusammen mit den Nudeln kurz anbraten. Die abgetropften Erbsen zugeben. Die Eier mit der Milch verquirlen, mit Salz, Pfeffer und Knoblauchpulver würzen und über die Nudeln geben. Das Omelett backen, bis die Eimasse stockt.

Die Tomatensoße nach Vorschrift zubereiten und zu dem Omelett reichen.

Dauer der Zubereitung 25 Minuten

Tip: Dazu paßt ein frischer Salat.

Käsespätzle

Zutaten	g	E	KH	F	kJ	kcal
1/2 Päckchen Spätzle	125	16,3	83,8	3,8	1822,8	434
100 g geriebener Emmentaler (45 % F. i. Tr.)	100	28,7	+	29,7	1604,4	382
1 TL Butter	5	+	+	4	151,2	36
1 Zwiebel	50	0,7	3	+	63	15
1 TL Butterschmalz	4	–	+	4	151,2	36
Gesamt		**45,7**	**86,6**	**41,5**	**3792,6**	**903**

Zubereitung

Die Spätzle nach Vorschrift kochen und abtropfen lassen.

Eine feuerfeste Form lagenweise mit Spätzle und geriebenem Käse füllen. Auf der oberen Schicht Käse die Butter in Flöckchen verteilen und im vorgeheizten Ofen bei 200 bis 220 °C 10 bis 15 Minuten backen.

In der Zwischenzeit die Zwiebel schälen, in feine Ringe schneiden und in dem heißen Butterschmalz rösten. Die fertigen Käsespätzle mit den Zwiebelringen bestreuen.

Dauer der Zubereitung 45 Minuten

Tip: Dazu paßt ein frischer grüner Salat.

Spaghetti mit Pesto

Zutaten	g	E	KH	F	kJ	kcal
1/2 Päckchen Spaghetti	125	16,3	83,8	3,8	1822,8	434
1 EL Olivenöl	10	–	+	10	378	90
1 Knoblauchzehe	2	0,1	0,6	+	12,6	3
1/2 Bund Basilikum	20	*	*	*	33,6	8
1 EL Pinienkerne	15	2	3,1	9	424,2	101
2 TL geriebener Parmesankäse	16	5,7	+	4,1	252	60
Salz, Pfeffer						
Gesamt		**24,1**	**87,5**	**26,9**	**2923,2**	**696**

Zubereitung

Die Spaghetti nach Vorschrift bißfest kochen.

Das Basilikum waschen, trocknen und die Blätter von den Stielen zupfen. Für die Pesto Olivenöl, geschälte Knoblauchzehe, Pinienkerne, Parmesan und die Basilikumblätter in einem Mörser verreiben.

Die fertigen Spaghetti abtropfen lassen und in einer vorgewärmten Schüssel sofort mit der Pesto mischen.

Dauer der Zubereitung 15 Minuten

Tip: Die Pesto läßt sich auch in einem Mixer zubereiten.

Spaghetti mit Gorgonzola-Sahne-Soße

Zutaten	g	E	KH	F	kJ	kcal
1/2 Päckchen Spaghetti	125	16,3	83,8	3,8	1822,8	434
100 g Gorgonzola	100	21,1	+	29,8	1482,6	353
1/8 l süße Sahne	125	3	4,3	39,6	1621,2	386
Salz, schwarzer Pfeffer						
Gesamt		**40,4**	**88,1**	**73,2**	**4926,6**	**1173**

Zubereitung

Die Spaghetti nach Vorschrift bißfest kochen.

Für die Soße die Sahne erhitzen und den mit einer Gabel zerdrückten Käse unter Rühren darin auflösen. Bei kleiner Hitze einige Minuten köcheln lassen, bis die Soße eine sämige Konsistenz hat. Mit Salz und Pfeffer abschmecken und über die abgetropften Spaghetti geben.

Dauer der Zubereitung 15 Minuten

Tip: Dazu paßt ein frischer grüner Salat oder auch Tomatensalat.

Nudeln mit Backobst

Zutaten	g	E	KH	F	kJ	kcal
1/2 Päckchen Nudeln	125	16,3	83,8	3,8	1822,8	434
100 g Backobst (Trockenobst) i. D.	100	4	50	0,5	924	220
Gesamt		**20,3**	**133,8**	**4,3**	**2746,8**	**654**
Bei Zubereitung des gleichen Gerichts mit Vollkornnudeln		**22,8**	**130**	**4,3**	**2725,8**	**649**

Zubereitung

Nudeln nach Vorschrift ohne Salz kochen.

Das Backobst in kleine Stücke schneiden und mit wenig Wasser zum Kochen bringen. Bei schwacher Hitze 10 Minuten köcheln lassen. Das Obst mit dem Sud über die fertigen Nudeln geben.

Dauer der Zubereitung 20 Minuten

Tip: Dieses Gericht hat ein günstiges Kalium-Natrium-Verhältnis.

Reisgerichte

S. 181 - 192

Risi-Bisi

Zutaten	g	E	KH	F	kJ	kcal
1 EL Butterschmalz	12	+	–	12	453,6	108
1 kl. Zwiebel	30	0,4	1,9	+	42	10
1/2 Tasse Reis	50	3,3	39,2	0,3	726,6	173
1 Tasse Hühnerbrühe (Instant)	150	0,6	0,6	0,6	42	10
1 kl. Dose Erbsen	120	6,5	12,5	0,6	344,4	82
1 Scheibe gekochter Schinken	30	5,9	+	3,8	243,6	58
		16,7	**54,2**	**17,3**	**1852,2**	**441**
Dazu:						
2 TL Parmesankäse	15	5,3	+	3,9	235,2	56
Gesamt		**22**	**54,2**	**21,2**	**2087,4**	**497**

Zubereitung

Die Zwiebel schälen und fein würfeln. Mit dem Reis im heißen Butterschmalz glasig dünsten. Die Hühnerbrühe und eventuell Knoblauchgewürz zugeben und 20 Minuten garen. Den Schinken würfeln und mit den abgetropften Erbsen zu dem fertigen Reis geben. Mit Parmesan bestreuen und servieren.

Dauer der Zubereitung 30 Minuten

Tip: Dazu paßt Kopfsalat und ein leichter Roséwein.

Reis-Gemüse-Topf

Zutaten	g	E	KH	F	kJ	kcal
100 g Schalotten	100	1,3	6,2	0,3	138,6	33
100 g Champignons, geputzt	100	2,7	0,3	0,3	63	15
1 Knoblauchzehe	2	0,1	0,6	+	12,6	3
1/2 Dose Gemüsemais	140	3,8	11,2	1,7	319,2	76
Salz, Pfeffer						
1 TL Butter	5	+	+	4	151,2	36
1/2 Tasse Reis	50	3,3	39,2	0,3	726,6	173
		11,2	**57,5**	**6,6**	**1411,2**	**336**
Dazu:						
1/2 Päckchen Tomatensoße (Instant)		2,5	13,8	1,3	315	75
Gesamt		**13,7**	**71,3**	**7,9**	**1726,2**	**411**

Zubereitung

Die Schalotten schälen und in kochendem Salzwasser 5 Minuten blanchieren.

In einer beschichteten Pfanne die Butter zerlassen und die geputzten Champignons sowie die Schalotten 15 Minuten dünsten. Den Mais mit in die Pfanne geben und kurz erwärmen.

Den Reis nach Vorschrift kochen, abgießen und zu dem Gemüse geben.

Die Tomatensoße getrennt dazu reichen.

Dauer der Zubereitung 30 Minuten

Tip: Der Reis-Gemüse-Topf kann auch als Beilage zu gebratenem oder gegrilltem Fleisch oder Geflügel gereicht werden.

Pikante Reispfanne

Zutaten	g	E	KH	F	kJ	kcal
1 Lauchstange	200	4,2	6,9	0,6	210	50
1/2 Tasse Reis	50	3,3	39,2	0,3	726,6	173
8 Scheiben Lachsschinken ohne Fettrand	60	17,8	+	1,8	378	90
1/8 l Brühe	125	0,5	0,4	0,5	33,6	8
2 Tomaten, gehäutet	100	1	2,9	0,2	71,4	17
Salz, schwarzer Pfeffer						
1 TL Butterschmalz	4	–	+	4	151,2	36
Gesamt		**26,8**	**49,4**	**7,4**	**1570,8**	**374**

Zubereitung

Reis in Salzwasser nach Vorschrift kochen, abgießen und kalt abschrecken.

Den Lauch putzen, in feine Ringe schneiden und im heißen Butterschmalz in einer beschichteten Pfanne anbraten. Die Brühe zugießen und 5 bis 10 Minuten dünsten. Die Tomate häuten, entkernen und in Würfel, den Lachsschinken in feine Streifen schneiden. Beides zusammen mit dem Reis zum Lauch geben und gut durchbraten. Mit Salz und Pfeffer würzen.

Dauer der Zubereitung 30 Minuten

Tip: Dazu paßt Sojasoße und Kopfsalat.

Südamerikanischer Reistopf

Zutaten	g	E	KH	F	kJ	kcal
1/2 Tasse Reis	50	3,3	39,2	0,3	726,6	173
1 TL Butterschmalz	4	–	+	4	151,2	36
1 kl. Zwiebel	30	0,4	1,9	+	42	10
1 Tasse Hühnerbrühe (Instant)	150	0,6	0,6	0,6	42	10
1 gebratenes Hähnchenschnitzel	150	34,2	+	5,4	777	185
1 kl. Dose Krabben	80	13,9	+	2	310,8	74
1 kl. grüne Paprikaschote, geputzt	100	1,2	3,1	0,3	84	20
1 EL Tomatenmark	30	0,7	2,7	0,1	63	15
Salz, Pfeffer, Cayenne-Pfeffer, Thymian, etwas Weißwein						
Gesamt		**54,3**	**47,5**	**12,7**	**2196,6**	**523**

Zubereitung

Reis nach Vorschrift kochen.

Die Zwiebel schälen und würfeln, die Paprikaschote putzen und in Streifen schneiden. Das Gemüse in dem heißen Butterschmalz in einer beschichteten Pfanne kurz dünsten. Tomatenmark, einen Schuß Weißwein, die Hühnerbrühe, Krabben und das gebratene Hähnchenschnitzel zugeben und kurz kochen. Mit Salz, Pfeffer, Cayenne-Pfeffer, Thymian abschmecken und den Reis untermischen.

Dauer der Zubereitung 30 Minuten

Tip: Dazu paßt Salat und trockener Weißwein.

Serbisches Reisfleisch

Zutaten	g	E	KH	F	kJ	kcal
1 Schweineschnitzel	150	31,2	+	12,2	982,8	234
1 TL Öl	4	–	+	4	151,2	36
1 Zwiebel	50	0,7	3	+	63	15
1/8 l Brühe	125	0,5	0,4	0,5	33,6	8
1 EL Tomatenmark	30	0,7	2,7	0,2	63	15
1/2 Tasse Reis	50	3,3	39,2	0,3	726,6	173
je 1 kleine rote und grüne Paprikaschote	200	3,2	4,4	0,8	159,6	38
Salz, Pfeffer, Paprikapulver						
Gesamt		**39,6**	**49,7**	**18**	**2179,8**	**519**

Zubereitung

Das Schnitzel in feine Streifen schneiden und in einer beschichteten Kasserolle in dem heißen Öl anbraten. Die Zwiebel schälen, würfeln und mitbraten. Brühe und Tomatenmark einrühren und 30 Minuten schmoren. Dann den Flüssigkeitsverlust ergänzen und den Reis und in Streifen geschnittene Paprikaschoten zugeben. Weitere 20 Minuten garen. Mit Salz, Pfeffer und Paprikapulver abschmecken.

Dauer der Zubereitung 60 Minuten

Tip: Dazu paßt Salat und leichter Rosé- oder Rotwein.

Pilaw

Zutaten	g	E	KH	F	kJ	kcal
150 g mageres Lammfleisch	150	30,6	+	5,1	705,6	168
1 Zwiebel	50	0,7	3	+	63	15
1/2 Tasse Reis	50	3,3	39,2	0,3	726,6	173
1 TL Öl	4	–	+	4	151,2	36
1/2-1 EL Currypulver						
1/8 l Brühe	125	0,5	0,4	0,5	33,6	8
1 säuerlicher Apfel	150	0,3	16	0,9	315	75
2 gehäufte TL Rosinen	15	0,4	9,9	0,1	176,4	42
Gesamt		**35,8**	**68,5**	**10,9**	**2171,4**	**517**
Bei Zubereitung mit 150 g magerem Rindfleisch		**37**	**68,5**	**10,3**	**2171,4**	**517**

Zubereitung

Das Fleisch in Streifen schneiden und in einer beschichteten Kasserolle in dem heißen Öl anbraten. Die Zwiebel schälen, in Würfel schneiden und zu dem Fleisch geben. Wenn die Zwiebelwürfel glasig sind, Reis und Currypulver einrühren und die Brühe angießen. Das Gericht einmal aufkochen und 20 Minuten zugedeckt garen. 5 Minuten vor Ende der Garzeit die Rosinen und den geschälten, entkernten, gewürfelten Apfel zugeben. Nach Geschmack mit Salz und Currypulver nachwürzen.

Dauer der Zubereitung 40 Minuten

Tip: Dazu paßt Gurkensalat. Wer kein Lammfleisch mag, kann das Gericht auch mit magerem Rindfleisch zubereiten.

Mediterranes Risotto

Zutaten	g	E	KH	F	kJ	kcal
1 Zwiebel	50	0,7	3	+	63	15
1 Knoblauchzehe	2	0,1	0,6	+	12,6	3
1 TL Öl	4	–	+	4	151,2	36
3/4 Tasse Reis	75	5	58,8	0,5	1092	260
Salz, Kräuter der Provence						
1 Tomate, gehäutet	50	0,5	1,5	0,1	37,8	9
1 kl. Glas Muscheln, naturelle	100	9,8	+	1,3	214,2	51
1 kl. Glas Krabben	100	18,6	+	1,4	365,4	87
Gesamt		**34,7**	**63,9**	**7,3**	**1936,2**	**461**

Zubereitung

Zwiebel grob, Knoblauch fein würfeln. Das Öl in einer beschichteten Kasserolle erhitzen und Zwiebel- und Knoblauchwürfel darin glasig dünsten. Den Reis zugeben und kurz anbraten. 1 1/2 Tassen Wasser zugießen, salzen, aufkochen und zugedeckt 20 Minuten bei kleiner Hitze garen. Die Tomate häuten, entkernen und würfeln. Kräuter, Tomatenwürfel, abgetropfte Muscheln und abgetropfte Krabben zu dem Reis geben und kurz erhitzen. Eventuell nachwürzen.

Dauer der Zubereitung 45 Minuten

Tip: Dazu paßt Tomaten- oder Kopfsalat und trockener Weiß- oder Roséwein.

Ingos Reispfanne

Zutaten	g	E	KH	F	kJ	kcal
2-3 Schweinemedaillons	150	27,9	+	17,9	1146,6	273
2 EL Sojasoße, 1 EL Curry, schwarzer Pfeffer, je 1 Messerspitze Muskatnuß, Kardamom, Koriander, Ingwer, Cayenne-Pfeffer						
1/2 Tasse Reis	50	3,3	39,2	0,3	726,6	173
1 TL Butterschmalz	4	–	–	4	151,2	36
1 kl. Zwiebel	30	0,4	1,9	+	42	10
1 kl. rote Paprikaschote	100	1,2	3,1	0,3	84	20
2 Scheiben Ananas (Konserve)	70	0,2	16,2	0,2	277,2	66
Gesamt		**33**	**60,4**	**22,7**	**2427,6**	**578**

Zubereitung

Die Schweinemedaillons in feine Streifen schneiden und in einer Marinade aus der Sojasoße und den Gewürzen 1/2 Stunde marinieren.

Den Reis gerade gar kochen (er soll wirklich noch körnig sein), abgießen, abschrecken und erkalten lassen.

Die Fleischstreifen aus der Marinade nehmen und im heißen Butterschmalz anbraten. Die Zwiebel schälen und in feine Ringe, die Paprikaschote waschen, putzen und in feine Streifen schneiden. Das Gemüse und die in Stücke geschnittenen Ananasscheiben zu dem Fleisch geben und mitbraten. Dann den Reis unterheben und alles noch 5 Minuten weiterbraten. Nach Geschmack mit einem oder mehreren der oben aufgeführten Gewürzen abschmecken.

Dauer der Zubereitung 45 Minuten

Tip:

Milchreis

Zutaten	g	E	KH	F	kJ	kcal
100 g Milchreis	100	7	78,4	0,6	1457,4	347
0,6 l Milch (1,5 % F)	600	20,4	29,4	9	1184,4	282
1 St. Vanilleschote, Süßstoff nach Geschmack, Zimt, 1 Prise Salz						
Gesamt		**27,4**	**107,8**	**9,6**	**2641,8**	**629**

Zubereitung

Milch mit Salz und Vanille aufkochen und gewaschenen Reis hineingeben. Bei schwacher Hitze körnig-weich ausquellen lassen. Mit Süßstoff und Zimt abschmecken.

Dauer der Zubereitung 30 Minuten

Tip: Bei Zubereitung ohne Salz hat Milchreis ein günstiges Kalium-Natrium-Verhältnis.

Süßer Reiskuchen

Zutaten	g	E	KH	F	kJ	kcal
1/2 Tasse Reis	50	3,3	39,2	0,3	726,6	173
2 Eier	120	14	+	12	688,8	164
1 EL Mehl	20	2,1	14,4	0,2	285,6	68
Süßstoff, Zimt						
1 Apfel	150	0,3	16	0,9	315	75
1 TL Butterschmalz	4	–	+	4	151,2	36
Gesamt		**19,7**	**69,6**	**17,4**	**2167,2**	**516**

Zubereitung

Den Reis nach Vorschrift kochen, abgießen und erkalten lassen.

Die Eier trennen. Das Eigelb mit Mehl, Süßstoff und Zimt verrühren. Den Reis und den geschälten, entkernten und in feine Scheiben geschnittenen Apfel dazugeben.

Das Eiweiß zu steifem Schnee schlagen und unter die Masse heben. Das Butterschmalz in einer Pfanne zerlassen und bei schwacher Hitze und geschlossener Pfanne aus dem Teig einen Reiskuchen backen.

Dauer der Zubereitung 45 Minuten

Tip: Der Reiskuchen kann auch mit anderem Obst (z. B. Heidelbeeren oder Pflaumen) zubereitet werden.

Aufläufe

S. 193 - 204

Schinken-Nudel-Auflauf

Zutaten	g	E	KH	F	kJ	kcal
1/2 Päckchen Nudeln	125	16,3	83,8	3,8	1822,8	434
8 Scheiben Lachsschinken ohne Fettrand	60	17,8	+	1,7	378	90
1 Ei	60	7	+	6	344,4	82
2 EL fettarme Milch (1,5 % F)		0,8	1,2	0,4	50,4	12
wenig Salz, Pfeffer, Paprika						
2 Scheiben Schmelzkäse	40	5,8	+	9,5	453,6	108
		47,7	**85**	**21,4**	**3049,2**	**726**
Dazu:						
3 EL Tomatenketchup	60	+	16,8	+	289,8	69
Gesamt		**47,7**	**101,8**	**21,4**	**3339**	**795**
Bei Zubereitung des gleichen Gerichts mit Vollkornnudeln		**50,2**	**98**	**21,4**	**3318**	**790**

Zubereitung

Die Nudeln nach Anweisung fast gar kochen. Den Lachsschinken schnibbeln und mit den Nudeln in eine beschichtete Auflaufform schichten. Das Ei mit der Milch verquirlen und mit Pfeffer, Paprika und wenig Salz würzen.

Die Eiermilch über die Nudeln geben und den Auflauf mit dem Käse belegen. Bei 200 °C im vorgeheizten Ofen backen, bis die Eiermilch stockt.

Tomatenketchup dazu reichen.

Dauer der Zubereitung 30 Minuten

Tip: Dazu paßt ein frischer Salat.

Bandnudel-Auflauf

Zutaten	g	E	KH	F	kJ	kcal
1/2 Päckchen Bandnudeln	125	16,3	83,8	3,8	1822,8	434
1 Bockwurst	90	11,1	+	22,8	1045,8	249
2 Tomaten	100	1	2,9	0,2	71,4	17
1 kl. Dose Champignons	140	2,3	0,3	0,3	54,6	13
1 Ei	60	7	+	6	344,4	82
1 EL Sahne	12,5	0,3	0,4	4	163,8	39
1 Portionsecke Schmelzkäse (20 % F)	31,25	6	3	3	264,6	63
Salz, Pfeffer, Paprika edelsüß						
Gesamt		**44**	**90,4**	**40,1**	**3767,4**	**897**
Bei Zubereitung des gleichen Gerichts mit Vollkornnudeln		**46,5**	**86,6**	**40,1**	**3746,4**	**892**

Zubereitung

Die Nudeln nach Vorschrift kochen. Das Würstchen in Scheiben, die Tomaten häuten und in Achtel schneiden.

Nudeln, Würstchenscheiben, Tomatenachtel und abgetropfte Champignons in eine beschichtete feuerfeste Form schichten.

Das Ei mit der Sahne und dem Schmelzkäse verrühren. Mit Salz, Pfeffer und Paprika würzen und über den Auflauf gießen. Im vorgeheizten Ofen bei 225 °C auf mittlerer Schiene 25 Minuten backen.

Dauer der Zubereitung 40 Minuten

Tip:

Broccoli-Krabben-Auflauf

Zutaten	g	E	KH	F	kJ	kcal
1/4 Päckchen Spiralnudeln	62,5	8,1	41,9	1,9	911,4	217
1 Paket Broccoli (TK)	300	10,5	6	0,6	302,4	72
1 Dose Krabbenfleisch	130	22,6	+	3,3	504	120
2 EL saure Sahne (10 % F)	30	1	1	3	151,2	36
1 Portionsecke Schmelzkäse (20 % F. i. Tr.)	31,25	6	3	3	264,6	63
1 Ei	60	7	+	6	344,4	82
Salz, Pfeffer, Knoblauchgewürz						
Gesamt		**55,2**	**51,9**	**17,8**	**2478**	**590**

Zubereitung

Die Nudeln nach Vorschrift bißfest kochen. Broccoli in leicht gesalzenem Wasser 10 Minuten kochen, abtropfen lassen.

Die Nudeln in eine Auflaufform geben, die Krabben (ohne Flüssigkeit) darüber verteilen und den Broccoli darauflegen.

Saure Sahne, Schmelzkäse und Ei verrühren, würzen und über den Auflauf gießen. Bei 175 bis 200 °C im vorgeheizten Ofen etwa 30 Minuten backen.

Dauer der Zubereitung 45 Minuten

Tip: Dazu paßt ein frischer Salat.

Nudelauflauf mit Räucherfisch

Zutaten	g	E	KH	F	kJ	kcal
1/2 Päckchen Nudeln	125	16,3	83,8	3,8	1822,8	434
200 g geräucherter Gold- oder Rotbarsch	200	47,6	+	11	1218	290
1 Gewürzgurke	100	1	3	+	67,2	16
1 Ei	60	7	+	6	344,4	82
2 EL fettarme Milch (1,5 % F)		0,8	1,2	0,4	50,4	12
1 EL Ketchup	20	+	5,6	+	96,6	23
Salz, Pfeffer						
1 Portionsecke Schmelzkäse (20 % F. i. Tr.)	31,25	6	3	3	264,6	63
Gesamt		**78,7**	**96,6**	**24,2**	**3864**	**920**
Bei Zubereitung des gleichen Gerichts mit Vollkornnudeln		**81,2**	**92,8**	**24,2**	**3843**	**915**

Zubereitung

Nudeln nach Vorschrift kochen und abgießen. Den Fisch entgräten und zerpflücken. Die Gewürzgurke in Würfel schneiden.

Alles miteinander mischen und in eine beschichtete Auflaufform geben. Das Ei mit der Milch, dem Käse, dem Ketchup und den Gewürzen verquirlen und über den Auflauf geben. Im vorgeheizten Ofen bei 225 °C 25 Minuten backen.

Dauer der Zubereitung 40 Minuten

Tip: Dazu paßt ein Tomatensalat.

Kartoffelauflauf

Zutaten	g	E	KH	F	kJ	kcal
3 Kartoffeln	180	3,6	27,8	0,2	537,6	128
2 Stangen Lauch	200	3,6	6,8	0,8	201,6	48
2 Tomaten	100	1	2,9	0,2	71,4	17
8 Scheiben Lachsschinken ohne Fettrand	60	17,8	+	1,7	378	90
1 Ei	60	7	+	6	344,4	82
1/8 l fettarme Milch (1,5 % F)	125	4,3	6,1	1,9	247,8	59
Salz, Pfeffer, Muskat						
2 Scheiben Schmelzkäse	40	5,8	+	9,5	453,6	108
Gesamt		**43,1**	**43,6**	**20,3**	**2234,4**	**532**

Zubereitung

Die Kartoffeln waschen, schälen und in dünne Scheiben schneiden. Porree putzen, in Ringe schneiden und waschen. Tomaten waschen und in Scheiben schneiden. Alles zusammen mit den Lachsschinkenscheiben fächerartig in eine beschichtete Auflaufform legen.

Die Milch mit dem Ei und den Gewürzen verquirlen und über den Auflauf geben. Mit dem Käse belegen und zugedeckt im vorgeheizten Backofen bei 200 °C ca. 1 Stunde backen. Die letzte 1/4 Stunde den Deckel abnehmen, damit der Auflauf bräunt.

Dauer der Zubereitung 75 Minuten

Tip: Dazu paßt ein frischer Salat.

Sauerkraut-Auflauf

Zutaten	g	E	KH	F	kJ	kcal
2 Kartoffeln	120	2,4	18,5	0,1	357	85
1/2 kl. Dose Sauerkraut	90	1,4	1,6	0,3	58,8	14
1 kl. Zwiebel	30	0,4	1,9	+	42	10
8 Scheiben Lachsschinken ohne Fettrand	60	17,8	+	1,7	378	90
1/8 l Brühe	125	0,5	0,4	0,5	33,6	8
1 Schuß Weißwein (herb)						
1 EL saure Sahne (10 % F)	15	0,5	0,5	1,5	75,6	18
1 TL geriebener Parmesankäse	8	3	+	2	126	30
Gesamt		**26**	**22,9**	**6,1**	**1071**	**255**

Zubereitung

Die Kartoffeln schälen und in kleine Würfel schneiden. Die Zwiebel schälen und würfeln.

Kartoffel- und Zwiebelwürfel, Sauerkraut und kleingeschnittenen Lachsschinken in eine Auflaufform mit Deckel schichten. Brühe und Wein angießen und den Auflauf zugedeckt im vorgeheizten Backofen bei 225 °C 35 Minuten schmoren. Nach Ende der Schmorzeit die saure Sahne über den Auflauf verteilen, mit Parmesan bestreuen und ca. 10 Minuten überbacken.

Dauer der Zubereitung 60 Minuten

Tip:

Kartoffel-Möhren-Auflauf

Zutaten	g	E	KH	F	kJ	kcal
3 Kartoffeln	180	3,6	27,8	0,2	537,6	128
2 große Möhren	150	1,7	7,8	0,3	172,2	41
1 Zwiebel	50	0,7	3	+	63	15
150 g Tartar (Schabefleisch)	150	31	+	15	1096,2	261
1 TL Butterschmalz	4	–	+	4	151,2	36
Salz, Pfeffer, Knoblauchgewürz, Basilikum						
1/2 Tasse Weißwein	75	+	1,9	–	214,2	51
1 Eigelb	19	3,1	+	6,1	285,6	68
1 EL saure Sahne	15	0,5	0,5	1,5	75,6	18
Gesamt		**40,6**	**41**	**27,1**	**2595,6**	**618**

Zubereitung

Das Fleisch in heißem Butterschmalz krümelig braten und mit Salz, Pfeffer, Knoblauchpulver und Basilikum würzen. Kartoffeln, Möhren und Zwiebel schälen und alles in feine Scheiben bzw. Ringe schneiden.

In eine verschließbare Auflaufform die Hälfte des Fleisches geben, die Hälfte des Gemüses darüberschichten, leicht salzen und kräftig pfeffern. In gleicher Reihenfolge wiederholen. Den Weißwein zugießen und in der geschlossenen Form bei 200 bis 220 °C 1 Stunde backen.

Eigelb und saure Sahne miteinander verrühren, würzen und über den Auflauf geben. In der offenen Form 15 Minuten überbacken.

Dauer der Zubereitung 90 Minuten

Tip: Dazu paßt Kopfsalat.

Gebackene Eier

Zutaten	g	E	KH	F	kJ	kcal
1 Portion Kartoffelpürree	200	4	26	6	730,8	174
2 Eier	120	14	+	12	688,8	164
1 Zwiebel	50	0,7	3	+	63	15
1 TL Butterschmalz	4	–	+	4	151,2	36
Salz, Pfeffer, Paprikagewürz						
1 EL geriebener Parmesankäse (30 % F)	25	8,9	+	6,5	394,8	94
Gesamt		**27,6**	**29**	**28,5**	**2028,6**	**483**

Zubereitung

Die Zwiebel schälen und in feine Würfel schneiden. In dem heißen Butterschmalz goldgelb dünsten. Das Kartoffelpürree nach Vorschrift zubereiten und mit den Zwiebelwürfeln mischen. In eine feuerfeste Form füllen und zwei Vertiefungen hineindrücken. In diese Mulden die Eier gleiten lassen und mit Salz, Pfeffer und Paprikapulver würzen. Den Käse darüberstreuen und im vorgeheizten Ofen bei 200 °C backen, bis die Eier stocken.

Dauer der Zubereitung 30 Minuten

Tip: Dazu paßt Tomatensalat.

Omas Nudelauflauf

Zutaten	g	E	KH	F	kJ	kcal
1/2 Päckchen Makkaroni	125	16,3	83,8	3,8	1822,8	434
2 EL geriebener Parmesankäse (30 % F. i. Tr.)	50	17,8	+	13	789,6	188
1/2 Päckchen Schnippelschinken	125	21,1	+	43,8	2011,8	479
2 Tomaten	100	1	2,9	0,2	71,4	17
1 Tasse Buttermilch	150	5,3	6	0,8	222,6	53
1 TL Butter	5	+	+	4	151,2	36
Gesamt		**61,5**	**92,7**	**65,6**	**5069,4**	**1207**

Zubereitung

Die Makkaroni nach Vorschrift bißfest kochen. Die Tomaten in Scheiben schneiden und dabei den Stengelansatz entfernen.

Nudeln, Tomaten, Parmesan und Schinken in eine Auflaufform schichten und die Buttermilch darübergießen. Die Butter in Flöckchen darauf verteilen und im vorgeheizten Ofen bei 200 °C 30 Minuten backen.

Dauer der Zubereitung 50 Minuten

Tip: Der Auflauf schmeckt besonders gut, wenn man ihn mit flüssiger Speisewürze (z. B. Maggi) ißt.

Tomaten-Quark-Auflauf

Zutaten	g	E	KH	F	kJ	kcal
1 Topf Magerquark	250	33,8	10	0,8	768,6	183
1 Ei	60	7	+	6	344,4	82
1 gestrichener EL Mehl	20	2	14,5	+	285,6	68
Salz, Pfeffer, Zwiebelpulver, Knoblauchpulver						
1 EL Schnittlauchröllchen	5	+	+	–	8,4	2
2 Tomaten	100	1	2,9	0,2	71,4	17
Gesamt		**43,8**	**27,4**	**7**	**1478,4**	**352**

Zubereitung

Das Ei mit dem Mehl verquirlen und mit dem Quark verrühren. Mit Salz, Pfeffer, Zwiebel- und Knoblauchgewürz würzen und den Schnittlauch unterrühren. Die Quarkmasse in eine beschichtete Auflaufform füllen und die geviertelten Tomaten daraufsetzen. Den Auflauf im vorgeheizten Ofen bei 175 °C 40 Minuten backen.

Dauer der Zubereitung 50 Minuten

Tip:

Pizza + Toast

S. 205 – 220

Thunfisch-Pizza

Zutaten	g	E	KH	F	kJ	kcal
1 Pizza Margherita (TK)	250	22	75	17	2268	540
1 Dose Thunfisch naturelle	150	29,9	–	2,5	596,4	142
1 kl. Zwiebel	30	0,4	1,9	+	42	10
Gesamt		**52,3**	**76,9**	**19,5**	**2906,4**	**692**

Zubereitung

Den Thunfisch abtropfen lassen und zerpflücken. Die Pizza damit belegen. Die Zwiebel schälen und in feine Ringe schneiden. Auf dem Thunfisch verteilen und die Pizza nach Vorschrift backen.

Dauer der Zubereitung 25-30 Minuten

Tip: Dazu paßt ein frischer Salat.

Pizza Frutti di Mare

Zutaten	g	E	KH	F	kJ	kcal
1 Pizza Margherita (TK)	250	22	75	17	2268	540
1 kl. Dose Krabben	80	13,9	+	2	310,8	74
1 kl. Glas Muschelfleisch	100	9,8	+	1,3	214,2	51
Knoblauchpulver						
Gesamt		**45,7**	**75**	**20,3**	**2793**	**665**

Zubereitung

Die Pizza mit Muscheln und Krabben belegen und mit Knoblauchpulver bestreuen. Dann nach Vorschrift backen.

Dauer der Zubereitung 25-30 Minuten

Tip: Dazu paßt ein frischer Salat.

Räucherfisch-Pizza

Zutaten	g	E	KH	F	kJ	kcal
1 Pizza Margherita (TK)	250	22	75	17	2268	540
200 g geräucherter Gold- oder Rotbarsch	200	47,6	+	11	1218	290
Gesamt		**69,6**	**75**	**28**	**3486**	**830**

Zubereitung

Den Fisch entgräten und zerpflücken. Die Pizza nach Vorschrift backen. 5 Minuten vor Ende der Backzeit herausnehmen, mit dem Fisch belegen und dann zu Ende backen.

Dauer der Zubereitung 20-25 Minuten

Tip: Dazu paßt ein frischer Salat.

Pizza Hawaii

Zutaten	g	E	KH	F	kJ	kcal
1 Pizza Margherita (TK)	250	22	75	17	2268	540
2 Scheiben gekochter Schinken	60	11,8	+	7,6	487,2	116
3 kl. Scheiben Ananas (Konserve)	105	0,4	24,2	0,2	420	100
Gesamt		**34,2**	**99,2**	**24,8**	**3175,2**	**756**

Zubereitung

Die Ananasscheiben in Stücke schneiden, den Schinken zerpflücken. Die Pizza damit belegen und nach Vorschrift backen.

Dauer der Zubereitung 25-30 Minuten

Tip: Dazu paßt ein frischer Salat.

Champignon-Pizza

Zutaten	g	E	KH	F	kJ	kcal
1 Pizza Margherita (TK)	250	22	75	17	2268	540
1 kl. Dose Champignons	110	2,3	0,3	0,3	54,6	13
Gesamt		**24,3**	**75,3**	**17,3**	**2322,6**	**553**

Zubereitung

Pizza mit den Champignons belegen und nach Vorschrift backen.

Dauer der Zubereitung 25-30 Minuten

Tip: Dazu paßt ein frischer Salat.

Krabbentoast

Zutaten	g	E	KH	F	kJ	kcal
2 Scheiben Toastbrot	60	4,6	28	2,8	663,6	158
1 kl. Dose Krabben	80	13,9	+	2	310,8	74
1 Eiweiß (Eiklar)	40	4,4	0,3	0,1	79,8	19
1 1/2 EL geriebener Käse (35 % F. i. Tr.)	30	10,7	+	7,7	474,6	113
Salz, Pfeffer, Paprika						
Gesamt		**33,6**	**28,3**	**12,6**	**1528,8**	**364**

Zubereitung

Toastbrot rösten. Die Krabben abtropfen lassen und darauf verteilen. Das Eiweiß zu festem Schnee schlagen. Gewürze und geriebenen Käse unterheben.

Die Krabben mit der Ei-Käse-Masse bedecken und im vorgeheizten Backofen bei 220 °C ca. 10 Minuten backen.

Dauer der Zubereitung 20 Minuten

Tip: Der Krabbentoast stellt einen eiweißreichen Snack dar. Er läßt sich gut mit einem vitaminreichen Salat ergänzen.

Jägertoast

Zutaten	g	E	KH	F	kJ	kcal
1 Scheibe Toastbrot	30	2,3	14	1,4	331,8	79
1 kl. Dose Champignons	110	2,3	0,3	0,3	54,6	13
1 kl. Zwiebel	30	0,4	1,9	+	40	10
1/2 TL Margarine	2,5	+	+	2	75,6	18
Pfeffer						
1 Scheibe Schmelzkäse (45 % F. i. Tr.)	20	2,9	+	4,7	226,8	54
Gesamt		**7,9**	**16,2**	**8,4**	**728,8**	**174**

Zubereitung

Die Margarine in einer beschichteten Pfanne erhitzen. Die abgetropften Champignons und die gewürfelte Zwiebel darin 10 Minuten braten. Das Toastbrot toasten.

Die Champignons auf das Toastbrot häufen und mit dem Käse belegen. Unter dem vorgeheizten Grill überbacken, bis der Käse zerläuft.

Dauer der Zubereitung 15 Minuten

Tip: Zusammen mit einem Tomatensalat bildet der Jägertoast ein kalorienarmes Abendbrot.

Corned beef-Toast

Zutaten	g	E	KH	F	kJ	kcal
1 Scheibe Toastbrot	30	2,3	14	1,4	331,8	79
1 Scheibe deutsches Corned beef	30	6,5	–	1,8	176,4	42
1 kl. Gewürzgurke	50	0,5	1,5	+	33,6	8
1 Scheibe Schmelzkäse (45 % F. i. Tr.)	20	2,9	+	4,7	226,8	54
Gesamt		**12,2**	**15,5**	**7,9**	**768,6**	**183**

Zubereitung

Das Toastbrot toasten. Mit dem Corned beef belegen. Die Gurke in Scheiben schneiden und auf das Corned beef geben. Mit dem Käse belegen und unter dem vorgeheizten Grill überbacken.

Dauer der Zubereitung 10 Minuten

Tip: Zusammen mit einer Suppe oder einer Nachspeise wird der Corned beef-Toast zur kompletten Mahlzeit.

Pizzatoast

Zutaten	g	E	KH	F	kJ	kcal
1 Scheibe Weißbrot	40	3	19,2	0,7	399	95
1 Tomate	50	0,5	1,5	0,1	37,8	9
1 Scheibe Schmelzkäse						
(45 % F. i. Tr.)	20	2,9	+	4,7	226,8	54
2 Sardellenfilets	10	4	+	2	142,8	34
1/2 TL Butter	2,5	+	+	2	75,6	18
Pfeffer, Oregano						
Gesamt		**10,4**	**20,7**	**9,5**	**882**	**210**

Zubereitung

Das Weißbrot im Toaster rösten. Abgekühlt mit Butter bestreichen. Die Tomate in Scheiben schneiden und auf das Brot geben. Mit den gewässerten Sardellenfilets belegen und mit Pfeffer und Oregano würzen. Mit dem Käse belegen und unter dem vorgeheizten Grill überbacken.

Dauer der Zubereitung 10 Minuten

Tip: Natürlich läßt sich der Pizzatoast auch mit vielen anderen Zutaten belegen. Der Phantasie sind keine Grenzen gesetzt.

Toast Hawaii

Zutaten	g	E	KH	F	kJ	kcal
1 Scheibe Toastbrot	30	2,3	14	1,4	331,8	79
1 Scheibe Kochschinken	30	5,9	+	3,8	252	60
1 Scheibe Ananas (Konserve)	35	0,1	8,1	0,1	138,6	33
1 Scheibe Schmelzkäse (45 % F. i. Tr.)	20	2,9	+	4,7	226,8	54
Pfeffer						
Gesamt		**11,2**	**22,1**	**10**	**949,2**	**226**

Zubereitung

Das Toastbrot toasten. Mit Kochschinken, Ananas und Käse belegen und unter dem vorgeheizten Grill überbacken, bis der Käse zerläuft. Mit frischgemahlenem Pfeffer würzen.

Dauer der Zubereitung 15 Minuten

Tip:

Hähnchen-Spargel-Toast

Zutaten	g	E	KH	F	kJ	kcal
1/2 gebratenes Hähnchenbrustfilet	75	17,1	+	2,7	390,6	93
5 Spargelköpfe (Dose)	30	0,5	0,4	+	16,8	4
1 Scheibe Toastbrot	30	2,3	14	1,4	331,8	79
2 Scheiben Schmelzkäse (45 % F. i. Tr.)	40	5,8	+	9,4	453,6	108
Gesamt		**25,7**	**14,4**	**13,5**	**1192,8**	**284**

Zubereitung

Das Toastbrot rösten. Mit einer Scheibe Käse, der halben Hähnchenbrust, den abgetropften Spargelköpfen und der zweiten Scheibe Käse belegen. Im vorgeheizten Ofen bei 220 °C überbacken, bis der Käse zerläuft.

Dauer der Zubereitung 15 Minuten

Tip: Dazu paßt Kopfsalat.

Spezial-Toast

Zutaten	g	E	KH	F	kJ	kcal
1 Scheibe Toastbrot	30	2,3	14	1,4	331,8	79
2 Scheiben Lachsschinken ohne Fettrand	15	4,5	+	0,5	96,6	23
1 kl. Zwiebel	30	0,4	1,9	+	42	10
1/2 TL Margarine	2,5	+	+	2	75,6	18
Pfeffer, Paprika						
1 Scheibe Schmelzkäse (45 % F. i. Tr.)	20	2,9	+	4,7	226,8	54
1 Ei	60	7	+	6	344,4	82
Gesamt		**17,1**	**15,9**	**14,6**	**1117,2**	**266**

Zubereitung

Die Margarine in einer beschichteten Pfanne zerlassen. Die Lachsschinkenscheiben ganz kurz von beiden Seiten braten und herausnehmen. Dann die Zwiebelringe in dem Fett goldgelb braten. Herausnehmen.

Das Toastbrot toasten und mit Schinken und Zwiebelringen belegen. Mit Pfeffer und Paprika würzen und mit dem Käse belegen. Im vorgeheizten Grill überbacken.

In der heißen Pfanne ein Spiegelei braten, würzen und auf den fertigen Toast geben.

Dauer der Zubereitung 20 Minuten

Tip: Dazu paßt Tomatensalat.

Toast mit Räucherfisch

Zutaten	g	E	KH	F	kJ	kcal
100 g geräucherter Gold- oder Rotbarsch	100	23,8	+	5,5	609	145
1 Scheibe Weißbrot	40	3	19,2	0,7	399	95
1 Scheibe Schmelzkäse (45 % F. i. Tr.)	20	2,9	+	4,7	226,8	54
Gesamt		**29,7**	**19,2**	**10,9**	**1234,8**	**294**

Zubereitung

Die Weißbrotscheibe toasten. Mit dem Fisch belegen und einer Scheibe Käse bedecken. Im vorgeheizten Ofen bei 220 °C ca. 5 Minuten backen.

Dauer der Zubereitung 15 Minuten

Tip: Zu diesem Toast paßt Salat oder auch süß-sauer eingelegtes Gemüse.

Welsh Rarebits

Zutaten	g	E	KH	F	kJ	kcal
2 Scheiben Toastbrot	60	4,6	28	2,8	663,6	158
2 TL Butter	10	0,1	0,1	8,3	315	75
150 g geriebener Gouda	150	38,3	+	43,8	2301,6	548
2 TL Senf	15	1,5	0,3	0,5	50,4	12
1 EL Bier	10	+	+	–	16,8	4
1/2 TL Worcestersauce						
Gesamt		**44,5**	**28,4**	**55,4**	**3347,4**	**797**

Zubereitung

Die Butter in einer beschichteten Pfanne zerlassen und die beiden Toastbrotscheiben von einer Seite darin rösten. Die restlichen Zutaten miteinander verrühren und die Paste auf die ungeröstete Seite streichen. Unter dem vorgeheizten Grill einige Minuten überbacken.

Dauer der Zubereitung 15 Minuten

Tip: Dazu paßt ein gekühltes Bier.

Kalte Gerichte + Beilagen

S. 221 - 260

Kräuterquark

Zutaten	g	E	KH	F	kJ	kcal
1 Topf Magerquark	250	33,8	10	0,8	768,6	183
1/8 l fettarme Milch	125	4,3	6,1	1,9	247,8	59
1 Päckchen gemischte Kräuter (TK)	25	*	*	*	33,6	8
Salz, Pfeffer, Zwiebel- und Knoblauchgewürze, Kümmel nach Geschmack						
		38,1	**16,1**	**2,7**	**1050**	**250**
Dazu:						
3 Pellkartoffeln	180	3,6	27,8	0,2	537,6	128
Gesamt		**41,7**	**43,9**	**2,9**	**1587,6**	**378**

Zubereitung

Den Quark mit der Milch glattrühren. Die Kräuter zugeben und nach Geschmack würzen. 1/2 Stunde gekühlt ziehen lassen.

Dauer der Zubereitung 5 Minuten

Tip: Kräuterquark eignet sich natürlich auch als pikanter Brotaufstrich. Bei Zubereitung ohne Salz hat er ein günstiges Kalium-Natrium-Verhältnis.

Frühlingsquark

Zutaten	g	E	KH	F	kJ	kcal
1 Topf Magerquark	250	33,8	10	0,8	768,6	183
1 kl. Zwiebel	30	0,4	1,9	+	42	10
1 Bund Radieschen	80	0,9	1,6	0,1	42	10
1 kl. grüne Paprikaschote, geputzt	100	1,2	3,1	0,3	84	20
Salz, Pfeffer						
1/8 l fettarme Milch (1,5 % F)	125	4,3	6,1	1,9	247,8	59
		40,6	**22,7**	**3,1**	**1184,4**	**282**
Dazu:						
3 Pellkartoffeln	180	3,6	27,8	0,2	537,6	128
Gesamt		**44,2**	**50,5**	**3,3**	**1722**	**410**

Zubereitung

Den Quark mit der Milch glattrühren. Die Zwiebel schälen und würfeln, die Paprikaschote putzen und in feine Streifen schneiden, die Radieschen putzen und in feine Streifen schneiden. Das Gemüse mit dem Quark mischen und mit Salz und Pfeffer abschmecken.

Dauer der Zubereitung 15 Minuten

Tip:

Handkäse mit Musik

Zutaten	g	E	KH	F	kJ	kcal
2 Zwiebeln	100	1,3	6,2	0,3	138,6	33
4 EL Essig	60	–	+	+	84	20
1 TL Öl	4	–	+	4	151,2	36
100 g Handkäse (Harzer Käse)	100	26	+	0,5	462	110
		27,3	**6,2**	**4,8**	**835,8**	**199**
Dazu:						
2 Scheiben Roggenbrot	90	6,4	41,4	1,2	848,4	202
Gesamt		**33,7**	**47,6**	**6**	**1684,2**	**401**

Zubereitung

Die Zwiebeln schälen und in Würfel schneiden. Mit Essig und Öl im Kühlschrank einen Tag ziehen lassen. Den Handkäse auf einem Teller anrichten, die Zwiebeln mit Essig und Öl („Musik") darübergeben. Das Brot gesondert dazu reichen.

Dauer der Zubereitung 5 Minuten

Tip: Will man Handkäse mit Musik stilecht genießen, trinkt man Apfelwein oder einen Weißwein aus dem Rheingau dazu.

Käsebrett

Zutaten	g	E	KH	F	kJ	kcal
3 gehäufte EL Hüttenkäse (20 % F. i. Tr.)	120	14,8	4,3	5,2	512,4	122
Salz, Pfeffer, Paprika edelsüß						
1 EL Schnittlauchröllchen	5	+	+	–	8,4	4
1 Ecke Schmelzkäse (20 % F)	31,25	6	3	3	264,6	63
1 Scheibe Edamer (30 % F. i. Tr.)	30	7,9	+	4,9	315	75
1 Scheibe Tilsiter (30 % F. i. Tr.)	30	8,6	+	5,2	340,2	81
1/4 Camembert (30 % F. i. Tr.)	30	6,6	+	4	260,4	62
125 g Weintrauben	125	0,9	21,1	0,4	382,2	91
		44,8	**28,4**	**22,7**	**2083,2**	**498**
Dazu:						
1 Laugenbrezel	50	4	25	+	504	120
1 Mohn-, Kümmel- o. Salzstange	70	5	40	+	756	180
Gesamt		**53,8**	**93,4**	**22,7**	**3343,2**	**798**

Zubereitung

Den Hüttenkäse mit Salz, Pfeffer, Edelsüßpaprika und Schnittlauch pikant abschmecken. Mit den restlichen Käsesorten auf einem Brett anrichten und mit den Weintrauben garnieren. Laugenbrezel und Gebäckstange dazu reichen.

Dauer der Zubereitung 10 Minuten

Tip: Das Käsebrett läßt sich beliebig erweitern und gut vorbereiten, wenn Besuch erwartet wird.

Tartar

Zutaten	g	E	KH	F	kJ	kcal
150 g Tartar (Schabefleisch)	150	31	+	15	1096,2	261
1/2 TL Salz, frischgemahlener Pfeffer, 1 Messerspitze scharfer Senf, 1 TL Paprikapulver						
1 Eigelb	20	3,2	+	6,4	298,2	71
1 kl. Zwiebel, gewürfelt	30	0,4	1,9	+	42	10
1 EL gehackte Petersilie	5	+	+	–	12,6	3
1 EL gehackte Gewürzgurke	25	+	0,8	+	16,8	4
1 EL Kapern	10	+	+	–	12,6	3
		34,6	**2,7**	**21,4**	**1478,4**	**352**
Dazu:						
1 Roggenbrötchen		3,2	20,7	0,6	424,2	101
Gesamt		**37,8**	**23,4**	**22**	**1902,6**	**453**

Zubereitung

Tartar mit Salz, Pfeffer und Senf mischen. In die Mitte eines Tellers häufen und eine Mulde hineindrücken. Hierein das Eigelb gleiten lassen. Die übrigen Zutaten in kleineren Häufchen rund um das Tartar auf den Teller geben. Bei Tisch nach Geschmack mischen.

Dauer der Zubereitung 15 Minuten

Tip: Tartar sollte, genau wie Hackfleisch oder Mett, noch am Tage des Einkaufs verzehrt werden.

Maissalat

Zutaten	g	E	KH	F	kJ	kcal
1/2 Dose Mais	140	3,8	11,2	1,7	319,2	76
1 kl. rote Paprikaschote, geputzt	100	1,2	3,1	0,3	84	20
1 kl. Zwiebel	30	0,4	1,9	+	42	10
1 Scheibe Kochschinken	30	6	+	4	252	60
1 EL Joghurt-Salatcreme (25 % F)	25	1	1	6,3	252	60
1 EL Joghurt (1,5 % F)	30	5	1,2	0,5	54,6	13
1 EL Ketchup	20	+	5,6	–	96,6	23
Salz, Pfeffer, Paprika, wenig Süßstoff, Meerrettich						
Gesamt		**17,4**	**24**	**12,8**	**1100,4**	**262**

Zubereitung

Paprikaschote, Zwiebel und Kochschinken würfeln. Mit dem Mais mischen. Aus den restlichen Zutaten und Gewürzen eine Soße rühren und unter den Salat ziehen.

Dauer der Zubereitung 20 Minuten

Tip: Der Salat schmeckt auch sehr gut zu gegrilltem Fleisch. In diesem Fall kann man statt des Kochschinkens einen gewürfelten Apfel unterheben.

Eiersalat Florida

Zutaten	g	E	KH	F	kJ	kcal
2 hartgekochte Eier	120	14	+	12	688,8	164
1 kl. Banane	100	1,1	18,8	0,2	340,2	81
1 roter Apfel	150	+	16	1	306,6	73
1 Orange	150	1,5	15	+	277,2	66
2 EL Joghurt-Salatcreme (25 % F)	50	2	2	12,5	504	120
1 TL scharfer Senf	8	0,8	0,2	0,3	25,2	6
Gesamt		**19,4**	**52**	**26**	**2142**	**510**

Zubereitung

Die hartgekochten Eier pellen und achteln. Die Banane in Scheiben, den Apfel in Schnitze schneiden. Die Orange filetieren. Die Salatcreme mit dem Orangensaft, der beim Filetieren anfällt, und dem Senf verrühren. Die Obststücke und die Eiachtel vorsichtig miteinander mischen und die Salatsoße darübergeben. Den Salat vor dem Servieren etwas durchziehen lassen.

Dauer der Zubereitung 30 Minuten

Tip: Dieser Salat ist eine vorzügliche Beilage zu gegrilltem Geflügel. Er kann jedoch auch mit Brot als leichte Hauptmahlzeit genommen werden.

Lachssalat

Zutaten	g	E	KH	F	kJ	kcal
3 Scheiben geräucherter Lachs	50	10,8	+	4,5	357	85
1/3 Salatgurke	200	1,2	4,4	0,4	109,2	26
1 hartgekochtes Ei	60	7	+	6	344,4	82
1 EL Essig, etwas Dill						
		19	**4,4**	**10,9**	**810,6**	**193**
Dazu:						
2 Scheiben Toast	60	4,5	29	2,7	663,6	158
Gesamt		**23,5**	**33,4**	**13,6**	**1474,2**	**351**

Zubereitung

Die Gurke schälen, vierteln, entkernen und in Würfel schneiden. 1/4 l Wasser mit dem Essig aufkochen, die Gurkenwürfel hineingeben und 5 Minuten bei kleiner Hitze köcheln lassen. Den Lachs und das geschälte Ei feinhacken und mit den abgekühlten Gurkenwürfeln mischen. Mit Dill garnieren.

Dauer der Zubereitung 15 Minuten

Tip: Dieser Salat kann als Vorspeise zu einem mehrgängigen Menü gereicht werden.

Rauchfischsalat

Zutaten	g	E	KH	F	kJ	kcal
100 g geräucherter Gold- oder Rotbarsch	100	23,8	+	5,5	609	145
1 kl. Apfel	100	0,2	10,9	0,6	210	50
1 kl. Gewürzgurke	50	0,5	1,5	+	33,6	8
1 kl. Zwiebel	30	0,4	1,9	+	42	10
1 TL Öl	4	–	+	4	151,2	36
1/2 TL Essig, Salz, Pfeffer						
1/2 TL Senf	4	0,4	+	+	12,6	3
		25,3	**14,3**	**10,1**	**1058,4**	**252**
Dazu:						
1 Roggenbrötchen	45	3,2	20,7	0,6	424,2	101
Gesamt		**28,5**	**35**	**10,7**	**1482,6**	**353**

Zubereitung

Den Fisch entgräten und in Stücke schneiden. Den Apfel und die Zwiebel schälen und ebenso wie die Gewürzgurke in Würfel schneiden. Aus den restlichen Zutaten eine Marinade rühren und alles miteinander mischen.

Dauer der Zubereitung 15 Minuten

Tip: Ein kräftiger Salat, der eine Hauptmahlzeit ersetzen kann.

Krabben-Eier-Salat

Zutaten	g	E	KH	F	kJ	kcal
1 hartgekochtes Ei	60	7	+	6	344,4	82
1 Tomate	50	+	2	+	42	10
1 Dose Krabben	130	23	+	3,3	502,3	120
1 EL Olivenöl	12	–	+	12	453,6	108
1 TL Weinessig						
Salz, Pfeffer, Knoblauchpulver, Dillspitzen						
		30	**2**	**21,3**	**1342,3**	**320**
Dazu:						
1 Brötchen	42	3	22	0,6	441	105
Gesamt		**33**	**24**	**21,9**	**1783,3**	**425**

Zubereitung

Das hartgekochte Ei und die Tomate achteln. Mit den abgetropften Krabben mischen. Aus Öl, Essig und Gewürzen eine Marinade rühren und über den Salat gießen.

Dauer der Zubereitung 10 Minuten

Tip: Für diesen Salat sollte man wirklich hochwertiges, kaltgepreßtes Olivenöl und Weinessig verwenden.

Curry-Geflügelsalat

Zutaten	g	E	KH	F	kJ	kcal
1 Hähnchenbrustfilet	150	34	+	1,4	625,8	149
1 Apfel	150	+	16	1	306,6	73
1 EL Joghurt-Salatcreme (25 % F)	25	1	1	6,3	252	60
1 EL Joghurt (1,5 % F)	30	5	1,2	0,5	54,6	13
Zitronensaft, Süßstoff, Salz, Curry						
		40	**18,2**	**9,2**	**1239**	**295**
Dazu:						
1 Brötchen	42	3	22	0,6	441	105
Gesamt		**43**	**40,2**	**9,8**	**1680**	**400**

Zubereitung

Das Hähnchenbrustfilet in kochendes Salzwasser geben und in 20 bis 30 Minuten gar kochen. Herausnehmen und abgekühlt in Würfel schneiden. Den Apfel schälen und in kleine Stifte schneiden. Aus Salatcreme, Joghurt und den Gewürzen eine Soße rühren und mit dem Hähnchenfleisch und den Apfelstiften mischen. Ziehen lassen.

Dauer der Zubereitung 60 Minuten

Tip: Tauscht man das Hähnchenbrustfilet gegen Nudeln aus, so bekommt man eine schmackhafte Beilage zu gegrilltem Fleisch, Geflügel und Fisch.

Geflügelsalat

Zutaten	g	E	KH	F	kJ	kcal
1 Hähnchenbrustfilet	150	34	+	1,4	625,8	149
1 EL Mandelblätter	15	2,9	1,4	8,1	378	90
100 g helle Weintrauben	100	0,7	16,9	0,3	306,6	73
2 EL Joghurt-Salatcreme (25 % F)	50	2	2	12,5	504	120
		39,6	**20,3**	**22,3**	**1814,4**	**432**
Dazu:						
2 Scheiben Toast	60	4,5	29	2,7	663,6	158
Gesamt		**44,1**	**49,3**	**25**	**2478**	**590**

Zubereitung

Das Hähnchenbrustfilet in kochendes Salzwasser geben und in 20 bis 30 Minuten gar kochen. Herausnehmen und abkühlen lassen. Die Mandelblätter ohne Fett in einer Pfanne goldbraun rösten. Die Trauben halbieren und entkernen. Das Hähnchenbrustfilet in Würfel schneiden und mit den Trauben und den Mandelblättern mischen. Die Salatcreme unterheben und den Salat mindestens 1 Stunde ziehen lassen. Eventuell mit Salz würzen.

Dauer der Zubereitung 60 Minuten

Tip: Ein Salat, der sich gut als Snack für Gäste eignet.

Schweizer Wurstsalat

Zutaten	g	E	KH	F	kJ	kcal
5 Scheiben Fleischwurst	60	8	+	16	739,2	176
2 Scheiben Emmentaler (30 % F. i. Tr.)	60	16	+	9,7	638,4	152
1 Zwiebel	50	0,7	3	+	63	15
1 große Gewürzgurke	100	1	3	+	67,2	16
1 TL Öl	4	–	+	4	151,2	36
1 TL Essig		–	+	+	21	5
1 TL milder Senf	8	0,8	0,2	0,3	25,2	6
		26,5	**6,2**	**30**	**1705,2**	**406**
Dazu:						
2 Scheiben Sojabrot	90	14	30	4	890,4	212
Gesamt		**40,5**	**36,2**	**34**	**2595,6**	**618**

Zubereitung

Fleischwurst, Käse und Gewürzgurke in feine Streifen schneiden, die Zwiebel würfeln. Aus Öl, Essig und Senf eine Marinade rühren und über die feingeschnittenen Zutaten geben. Mit frischgemahlenem Pfeffer würzen. Den Salat etwas durchziehen lassen und mit dem Sojabrot servieren.

Dauer der Zubereitung 30 Minuten

Tip: Dieser Salat läßt sich gut in großen Mengen für ein rustikales Buffett erstellen.

Griechischer Salat

Zutaten	g	E	KH	F	kJ	kcal
2 Tomaten	100	1	2,9	0,2	71,4	17
1 Zwiebel	50	0,7	3	+	63	15
1/8 Salatgurke	200	1,2	4,4	0,4	109,2	26
10 schwarze Oliven	50	1,1	2,5	17,4	739,2	176
100 g Schafskäse	100	~27	+	~24	1365	325
1 TL Öl	4	–	+	4	151,2	36
1 EL Essig						
Salz, schwarzer Pfeffer, evtl. Süßstoff						
Gesamt		**31**	**12,8**	**46**	**2499**	**595**

Zubereitung

Tomaten und Gurke in Scheiben, die Zwiebel in Ringe schneiden. Auf einem Teller anrichten und den zerbröselten Schafskäse darübergeben. Mit den Oliven garnieren und die Marinade aus Essig, Öl und Gewürzen darauf träufeln.

Dauer der Zubereitung 15 Minuten

Tip:

Brot als Beilage

Zutaten	g	E	KH	F	kJ	kcal
1 Brötchen	42	3,4	22,3	0,6	453,6	**108**
1 Roggenbrötchen	45	3,2	20,7	0,6	424,2	**101**
1 Scheibe Toastbrot	30	2,3	14	1,4	331,8	**79**
1 Vollkornbrötchen	50	3,8	20,5	0,8	436,8	**104**

Zubereitung

Dauer der Zubereitung **Minuten**

Tip:

Tomaten-Grillbrot

Zutaten	g	E	KH	F	kJ	kcal
1 Brötchen	42	3,3	22,3	0,6	453,6	108
1 TL Butter	5	+	+	4	151,2	36
2 TL Tomatenmark	16	0,4	1,5	0,1	33,6	8
1 EL gehackte Kräuter (z. B. Schnittlauch, Petersilie, Basilikum)	5	*	*	*	8,4	2
Salz, Pfeffer, Paprika, Zwiebelpulver, Knoblauchpulver						
Gesamt		**3,7**	**23,8**	**4,7**	**646,8**	**154**

Zubereitung

Brötchen halbieren und mit Butter und Tomatenmark bestreichen. Mit den Gewürzen und den Kräutern bestreuen.

Im vorgeheizten Ofen auf höchster Stufe oder unter dem Grill 5 bis 10 Minuten grillen.

Dauer der Zubereitung 10 Minuten

Tip: Tomaten-Grillbrot paßt gut zu gegrilltem oder kurzgebratenem Fleisch.

Knoblauchbrötchen

Zutaten	g	E	KH	F	kJ	kcal
1 Brötchen	42	3,3	22,3	0,6	453,6	108
2 TL Butter	10	+	+	8	302,4	72
1 Knoblauchzehe	2	0,1	0,6	+	12,6	3
1 EL gehackte Kräuter (z. B. Schnittlauch, Petersilie, Basilikum)	4-5	*	*	*	8,4	2
Salz, Pfeffer, Paprika, etwas Zitronensaft						
Gesamt		**3,4**	**22,9**	**8,6**	**777**	**185**

Zubereitung

Butter weich rühren. Salz, Pfeffer, Paprika, Zitronensaft, zerdrückte Knoblauchzehe und gehackte Kräuter unterrühren. Das Brötchen halbieren und mit der Buttermischung bestreichen. In Alufolie wickeln und 1 Stunde in den Kühlschrank legen. Das Brötchen im Backofen oder auch auf dem Holzkohlegrill 10 Minuten grillen.

Dauer der Zubereitung 20 Minuten

Tip: Knoblauchbrötchen paßt gut zu gegrilltem Fleisch, Geflügel oder Fisch.

Reis als Beilage

Zutaten	g	E	KH	F	kJ	kcal
1/2 Tasse Reis	50	3,3	39,2	0,3	726,6	173
1 TL Butter	5	+	+	4	151,2	36
Gesamt		**3,3**	**39,2**	**4,3**	**877,8**	**209**

Zubereitung

Reis (am besten Parboiled-Reis) nach Vorschrift kochen. Abgießen und mit kaltem Wasser abschrecken. Die Butter in einem Topf schmelzen und den Reis unter Schwenken darin erhitzen.

Geschmackszutaten:
- Currypulver
- Paprikapulver
- Kräuter

Die Geschmackszutaten zu dem Butterreis geben und gut mischen.

Dauer der Zubereitung 25 Minuten

Tip:

Kartoffelbeilagen

Zutaten	g	E	KH	F	kJ	kcal
3 mittelgroße Kartoffeln, gekocht	180	3,6	27,8	0,2	537,6	**128**
1 Portion Flocken-Pürree nach Vorschrift zubereitet	200	4	26	6	730,8	**174**
1 Portion Ofenfrites	200	5,3	63,5	8,5	1478,8	**352**
2 Kartoffelknödel (Fertigprodukt, im Durchschnitt)	180	3,6	44,1	+	802,2	**191**

Zubereitung

Dauer der Zubereitung **Minuten**

Tip:

Folienkartoffeln

Zutaten	g	E	KH	F	kJ	kcal
2 mittelgroße Kartoffeln	120	2,4	18,5	0,1	357	85
2 gehäufte EL Magerquark	80	10,8	3,2	0,2	243,6	58
1 EL saure Sahne	15	0,5	0,6	1,5	75,6	18
1 kl. Zwiebel	30	0,4	1,9	+	42	10
1/2 Päckchen 8 Kräuter (TK)	12,5	*	*	*	16,8	4
Salz, Pfeffer, Paprika edelsüß						
Gesamt		**14,1**	**24,2**	**1,8**	**735**	**175**

Zubereitung

Die Kartoffeln unter fließendem Wasser gründlich waschen (abbürsten), mit einem Küchenkrepp abtrocknen und nicht zu fest in Alufolie packen. Auf einem Backblech im vorgeheizten Ofen bei 200 °C ca. 45 Minuten backen. Die übrigen Zutaten miteinander verrühren. Die fertigen Kartoffeln in der Folie mit einem spitzen Messer kreuzweise einschneiden, etwas auseinanderdrücken und die Soße daraufgeben.

Dauer der Zubereitung 50 Minuten

Tip: Die Folienkartoffel paßt gut zu kurzgebratenem oder gegrilltem Fleisch.

Kartoffelgratin

Zutaten	g	E	KH	F	kJ	kcal
3 mittelgroße Kartoffeln	180	3,6	27,8	0,2	537,6	128
1 Zwiebel	50	0,7	3	+	63	15
100 ml fettarme Milch (1,5 % F)		3,4	4,9	1,5	197,4	47
1 Portionsecke Schmelzkäse (20 % F. i. Tr.)	31,25	6	3	3	264,6	63
Salz, Pfeffer, nach Geschmack Knoblauchpulver						
Gesamt		**13,7**	**38,7**	**4,7**	**1062,6**	**253**

Zubereitung

Kartoffeln schälen und in Scheiben schneiden. Zwiebel schälen und in Ringe schneiden. Beides lagenweise in eine beschichtete Auflaufform schichten und jede Lage mit Salz, Pfeffer und evtl. Knoblauch würzen. Die Milch erwärmen und den Käse darin auflösen. Die Mischung über die Kartoffeln gießen und im Backofen bei 220 °C 40 Minuten auf mittlerer Einschubleiste backen. Falls die Oberfläche zu dunkel wird, mit Alufolie abdecken.

Dauer der Zubereitung 50 Minuten

Tip: Kartoffelgratin paßt gut zu gebratenem Fleisch oder Fisch.

Südamerikanischer Kartoffeltopf

Zutaten	g	E	KH	F	kJ	kcal
3 mittelgroße Kartoffeln	180	3,6	27,8	0,2	537,6	128
1 kl. Zwiebel	30	0,4	1,9	+	42	10
1 Knoblauchzehe	2	0,1	0,6	+	12,6	3
1 kl. Lauchstange	100	2,1	3,4	0,4	105	25
1 TL Öl	4	–	+	4	151,2	35
Salz, Cayenne-Pfeffer, Tabasco nach Geschmack, 1 Spritzer Weinessig, 1 Lorbeerblatt						
100 ml Würfelbrühe		0,4	0,3	0,4	25,2	6
Gesamt		**6,6**	**34**	**5**	**873,6**	**208**

Zubereitung

Kartoffeln schälen und in fingerdicke Scheiben schneiden. Die Zwiebel schälen und in Ringe schneiden. Knoblauch feinhacken und den gewaschenen Lauch in Streifen schneiden. In einer beschichteten Kasserolle die Zwiebelringe in Öl glasig dünsten. Kartoffeln, Lauch und Lorbeerblatt zugeben und nach Geschmack würzen. Brühe und Essig zugeben und ca. 20 Minuten kochen lassen, bis die Kartoffeln weich sind.

Dauer der Zubereitung 30 Minuten

Tip: Der „Südamerikanische Reistopf" eignet sich als kräftige Beilage zu kurzgebratenem oder gegrilltem Fleisch.

Überbackene Kartoffel

Zutaten	g	E	KH	F	kJ	kcal
1 große Kartoffel	200	4	30,8	0,2	592,2	141
Salz						
4 Scheiben Lachsschinken						
ohne Fettrand	30	8,9	+	0,9	189	45
3 TL Knoblauchbutter						
(Fertigprodukt)	15	0,1	0,1	12,5	474,6	113
1 EL Schnittlauchröllchen	5	+	+	–	8,4	2
3 TL geriebener Parmesankäse	16	5,7	+	4,1	252	60
Gesamt		**18,7**	**30,9**	**17,7**	**1516,2**	**361**

Zubereitung

Die Kartoffel mit Schale in Salzwasser gar kochen und halbieren. Das Innere bis auf einen ein cm starken Rand aushöhlen und mit einer Gabel fein zerdrücken. Die Kartoffelmasse mit dem gewürfelten Schinken, der Knoblauchbutter und den Schnittlauchröllchen mischen und in die Kartoffelhälften zurückgeben. Mit dem Käse bestreuen und im vorgeheizten Ofen bei 250 °C überbacken.

Dauer der Zubereitung 45 Minuten

Tip: Überbackene Kartoffel paßt zu gebratenem und gegrilltem Fleisch, Fisch oder Geflügel.

Kartoffelsalat

Zutaten	g	E	KH	F	kJ	kcal
3 Pellkartoffeln	180	3,6	27,8	0,2	537,6	128
1 hartgekochtes Ei	60	7	+	6	344,4	82
1 kl. Gewürzgurke	50	0,5	1,5	+	33,6	8
1 kl. Zwiebel	30	0,4	1,9	+	42	10
5 EL Brühe	62,5	0,3	0,2	0,3	16,8	4
1/2 TL Senf	4	0,4	+	+	12,6	3
Salz, Pfeffer, Paprika, Essig						
4 EL Joghurt-Salatcreme (25 % F)	100	4	4	25	504	120
Gesamt		**16,2**	**35,4**	**31,5**	**1491**	**355**

Zubereitung

Abgekühlte Pellkartoffeln in Scheiben schneiden.

Die Brühe mit der gewürfelten Zwiebel aufkochen. Mit Senf, Salz, Pfeffer, Paprika und Essig abschmecken und über die Kartoffelscheiben geben. Abkühlen lassen.

Das Ei und die Gurke in Würfel schneiden und mit den Kartoffelscheiben mischen. Die Salatcreme unterheben. Den Salat mindestens eine Stunde ziehen lassen. Eventuell nachwürzen.

Dauer der Zubereitung 30 Minuten

Tip: Dieser Kartoffelsalat ist eine relativ leichte Variante der beliebten Beilage.

Mischgemüse

Zutaten	g	E	KH	F	kJ	kcal
1 kl. Dose Erbsen und Möhren	120	4	13,6	0,5	315	75
1 kl. Dose Champignons	100	2,1	0,3	0,3	50,4	12
1/2 TL Butter	2,5	+	+	2	75,6	18
Gesamt		**6,1**	**13,9**	**2,8**	**441**	**105**

Zubereitung

Abgetropftes Gemüse in einer beschichteten Kasserolle in der Butter erhitzen.

Dauer der Zubereitung 5 Minuten

Tip:

Buttergemüse

Zutaten	g	E	KH	F	kJ	kcal
1/2 Dose Mais	140	3,8	11,2	1,7	319,2	76
1/2 TL Butter	2,5	+	+	2	75,6	18
		3,8	**11,2**	**3,7**	**394,8**	**94**
1 kl. Dose Erbsen	120	6,5	12,5	0,6	344,4	82
1/2 TL Butter	2,5	+	+	2	75,6	18
		6,5	**12,5**	**2,6**	**420**	**100**
1 kl. Dose grüne Bohnen	120	1,4	5	0,1	117,6	28
1/2 TL Butter	2,5	+	+	2	75,6	18
		1,4	**5**	**2,1**	**193,2**	**46**
1 kl. Dose Möhren	120	0,7	7,3	0,4	151,2	36
1/2 TL Butter	2,5	+	+	2	75,6	18
		0,7	**7,3**	**2,4**	**226,8**	**54**

Zubereitung

Dauer der Zubereitung 5 Minuten

Tip:

Leipziger Allerlei

Zutaten	g	E	KH	F	kJ	kcal
1 kl. Dose Erbsen und Möhren	120	4	13,6	0,5	315	75
1 kl. Dose Spargelspitzen	150	2,9	1,8	0,2	84	20
1/2 TL Butter	2,5	+	+	2	75,6	18
Gesamt		**6,9**	**15,4**	**2,7**	**474,6**	**113**

Zubereitung

Die Butter in einer beschichteten Kasserolle zerlassen und das abgetropfte Gemüse darin warm dünsten.

Dauer der Zubereitung 5 Minuten

Tip:

Grilltomaten

Zutaten	g	E	KH	F	kJ	kcal
2 Tomaten	100	1	2,9	0,2	71,4	17
1/2 TL Butter	2,5	+	+	2	75,6	18
Gesamt		**1**	**2,9**	**2,2**	**147**	**35**

Zubereitung

Tomaten waschen und an der Seite gegenüber des Stengelansatzes kreuzweise einschneiden. Mit einem Butterflöckchen belegen und unter dem vorgeheizten Grill mehrere Minuten grillen. Nach Belieben mit Salz, Pfeffer, Kräutern, Zwiebel- oder Knoblauchgewürz etc. würzen.

Dauer der Zubereitung 5-10 Minuten

Tip: Bei Zubereitung ohne Salz haben Grilltomaten ein günstiges Kalium-Natrium-Verhältnis.

Tomatensalat

Zutaten	g	E	KH	F	kJ	kcal
3 Tomaten	150	1,5	4,4	0,3	109,2	26
1 kl. Zwiebel	30	0,4	1,9	+	42	10
Salz, Pfeffer, Knoblauchgewürz, Oregano						
1 EL Essig	15	–	+	+	21	5
1 TL Olivenöl	4	–	+	4	151,2	36
Gesamt		**1,9**	**6,3**	**4,3**	**323,4**	**77**

Zubereitung

Die Tomaten waschen und in Scheiben schneiden. Mit Essig, Salz, Pfeffer, Knoblauchgewürz und Oregano anmachen und 1/2 Stunde ziehen lassen. Kurz vor dem Servieren das Öl unterheben.

Dauer der Zubereitung 10 Minuten

Tip: Bei Zubereitung ohne Salz hat der Tomatensalat ein günstiges Kalium-Natrium-Verhältnis.

Gurkensalat

Zutaten	g	E	KH	F	kJ	kcal
!/3 Salatgurke	200	1,2	4,4	0,4	67,2	16
2 EL Joghurt (3,5 % F)	60	2	2,4	2,1	155,4	37
Salz, Pfeffer, Süßstoff						
1 EL Dill	4-5	*	*	*	4,2	1
Gesamt		**3,2**	**6,8**	**2,5**	**226,8**	**54**

Zubereitung

Die Salatgurke waschen und in feine Scheiben schneiden.

Den Joghurt mit Salz, Pfeffer, Süßstoff und Dill pikant abschmecken und mit den Gurkenscheiben mischen.

Dauer der Zubereitung 10 Minuten

Tip: Bei Zubereitung ohne Salz hat der Gurkensalat ein günstiges Kalium-Natrium-Verhältnis.

Gurkensalat mit Zitrone

Zutaten	g	E	KH	F	kJ	kcal
1/3 Salatgurke	200	1,2	4,4	0,4	67,2	16
Zitronensaft, Süßstoff						
Gesamt		**1,2**	**4,4**	**0,4**	**67,2**	**16**

Zubereitung

Die Gurke waschen, in Scheiben schneiden und mit Zitronensaft und Süßstoff anmachen.

Dauer der Zubereitung 10 Minuten

Tip:

Kopfsalat

Zutaten	g	E	KH	F	kJ	kcal
50 g geputzter Kopfsalat	50	0,7	0,5	0,1	21	5
1 EL Essig	15	–	+	+	21	5
1 TL Öl	4	–	+	4	151,2	36
Salz, Pfeffer, Salatkräuter, evtl. Süßstoff						
Gesamt		**0,7**	**0,5**	**4,1**	**193,2**	**46**

Zubereitung

Aus Essig, Öl und Gewürzen eine Marinade rühren und mit dem Salat mischen.

Dauer der Zubereitung 10 Minuten

Tip:

Kopfsalat mit Joghurtsoße

Zutaten	g	E	KH	F	kJ	kcal
50 g geputzter Kopfsalat	50	0,7	0,5	0,1	21	5
2 EL Joghurt (3,5 % F)	60	2	2,4	2,1	155,4	37
Zitronensaft, Süßstoff						
Gesamt		**2,7**	**2,9**	**2,2**	**176,4**	**42**

Zubereitung

Joghurt nach Geschmack mit Süßstoff und Zitronensaft abschmecken und den geputzten Salat damit überziehen.

Dauer der Zubereitung 10 Minuten

Tip:

Tsatsiki

Zutaten	g	E	KH	F	kJ	kcal
1 fettarmer Joghurt (1,5 % F)	150	5,1	6,2	2,3	277,2	66
2 EL Magerquark	80	10,8	3,2	0,2	243,6	58
100 g Salatgurke	100	0,6	2,2	0,2	33,6	8
3 Knoblauchzehen	6	0,3	1,8	+	37,8	9
Salz, Pfeffer, etwas Zitronensaft						
		16,8	**13,4**	**2,7**	**592,2**	**141**
Dazu:						
3 schwarze griechische Oliven	10	0,2	0,5	3,6	147	35
Gesamt		**17**	**13,9**	**6,3**	**739,2**	**176**

Zubereitung

Quark und Joghurt mischen. Die Salatgurke schälen, entkernen und raspeln. Unter die Quark-Joghurt-Mischung rühren. Die Knoblauchzehen pellen und durch die Presse ebenfalls dazugeben. Mit Salz, Pfeffer und Zitronensaft abschmecken. Mit den Oliven garnieren.

Dauer der Zubereitung 20 Minuten

Tip: Bei Zubereitung ohne Salz hat der Tsatsiki ein günstiges Kalium-Natrium-Verhältnis.

Nudelsalat

Zutaten	g	E	KH	F	kJ	kcal
1/2 Päckchen Gabelspaghetti	125	16,3	83,8	3,8	1822,8	434
2 Scheiben Kochschinken	60	11,8	+	7,6	487,2	116
1/2 Schote sauer eingelegter Tomatenpaprika	75	0,8	5,2	+	100,8	24
4 EL Joghurt-Salatcreme (25 % F)	100	4	4	25	504	120
Salz, Pfeffer, geriebener Meerrettich						
Gesamt		**32,9**	**93**	**36,4**	**2914,8**	**694**

Zubereitung

Die Nudeln nach Vorschrift kochen, abschrecken und erkalten lassen. Den Kochschinken und den Tomatenpaprika fein würfeln und mit den Nudeln mischen. Die Salatcreme mit dem Meerrettich verrühren, mit Salz und Pfeffer abschmecken und unter den Salat heben.

Dauer der Zubereitung 30 Minuten

Tip: Der Salat paßt zu gebratenem oder gegrilltem Fisch, Fleisch oder Geflügel.

Kartoffelbeilagen im Schnell-Restaurant

Zutaten	g	E	KH	F	kJ	kcal
1 Portion Kartoffelsalat i. D.	250	*	*	*	2247	**535**
1 Portion Pommes frites i. D.	200	8	58	29	2205	**525**
1 Portion Kartoffel-kroketten i. D.	200	2	45	25	1743	**415**

Zubereitung

Dauer der Zubereitung **Minuten**

Tip:

Soßenbeilagen

Zutaten	g	E	KH	F	kJ	kcal
1 EL Tomatenketchup	20	+	5,6	–	96,6	**23**
1 TL Senf	8	0,8	0,2	0,3	25,2	**6**
1 EL Mango-Chutney i. D.	20	0,2	7,8	–	134,4	**32**
1 EL Cumberlandsoße	20	+	8	–	134,4	**32**
1 EL Zigeunersoße	20	+	4	+	84	**20**

Zubereitung

Dauer der Zubereitung **Minuten**

Tip:

Mayonnaise, Remoulade

Zutaten	g	E	KH	F	kJ	kcal
1 EL Mayonnaise (50 % F)	25	0,1	1,3	13	516,6	**123**
1 EL Remoulade (80 % F)	25	+	+	20	756	**180**
1 EL Sauce Tartar	20	+	2	7	302,4	**72**

Zubereitung

Dauer der Zubereitung **Minuten**

Tip:

Ergänzungsnahrung

S. 261 - 276

Energie- und Fitness-Drink

Zutaten	g	E	KH	F	kJ	kcal
0,4 l Milch (1,5 % F)	400	13,6	19,6	6	789,6	188
3 EL MULTIKRAFT SPORTS	30	15	11,7	0,6	485	114
Gesamt		**28,6**	**31,3**	**6,6**	**1274,6**	**302**

Zubereitung

MULTIKRAFT SPORTS Energie- und Fitnesskonzentrat mit mindestens 50 % hochwertigem Milch- und Hühnerei-Protein sowie 36 % leicht resorbierbaren Kohlenhydraten, angereichert mit Vitaminen und Mineralstoffen.

In den Geschmacksrichtungen:

- Erdbeer

- Schoko

Dauer der Zubereitung 5 Minuten

Tip:

Muskelaufbau-Drink I

Zutaten	g	E	KH	F	kJ	kcal
0,4 l Milch (1,5 % F)	400	13,6	19,6	6	789,6	188
3 EL MULTIKRAFT FORMEL 80	30	24,6	1,8	0,4	465,6	110
Gesamt		**38,2**	**21,4**	**6,4**	**1255,2**	**298**

Zubereitung

FORMEL 80 Muskelaufbaukonzentrat mit mindestens 80 % Milch- und Ei-Eiweiß, angereichert mit Mineralstoffen und Vitaminen.

In den Geschmacksrichtungen:

- Vanille
- Erdbeer
- Banane
- Schoko

Dauer der Zubereitung 5 Minuten

Tip: Besonders gut schmecken auch Mischungen aus Schoko/Banane oder Erdbeer/Vanille.

Muskelaufbau-Drink II

Zutaten	g	E	KH	F	kJ	kcal
0,4 l Milch (1,5 % F)	400	13,6	19,6	6	789,6	188
3 EL MULTIKRAFT FORMEL 80 + 10	30	26,1	0,6	0,2	462,9	109
Gesamt		**39,7**	**20,2**	**6,2**	**1252,5**	**297**

Zubereitung

FORMEL 80 + 10 Eiweißkonzentrat aus hochwertigem Milch- und Ei-Eiweiß zum Muskelaufbau sowie 10 % aufgeschlossenem kollagenem Eiweiß zur Stärkung von Bindegewebe und Gelenken, angereichert mit Mineralstoffen und Vitaminen.

In den Geschmacksrichtungen:

- Himbeer
- Mocca-Creme
- Vanille
- Waldfrüchte
- Aprikose

Dauer der Zubereitung 5 Minuten

Tip:

Lactalbumin-Drink

Zutaten	g	E	KH	F	kJ	kcal
0,4 l Milch (1,5 % F)	400	13,6	19,6	6	789,6	188
2 EL MULTIKRAFT FORMEL L HIMBEERE	30	18,9	5,4	1,8	487,2	115
Gesamt		**32,5**	**25**	**7,8**	**1276,8**	**303**

Zubereitung

FORMEL L HIMBEERE Muskelintensivnahrung aus 63 % sofort resorbierbarem reinen Lactalbumin, angereichert mit Vitaminen und Mineralstoffen sowie 10 % schnell resorbierbaren Peptiden, die eine beschleunigte Aufnahme der Aminosäuren garantieren.

FORMEL L wird vom Magensaft nicht angedickt, so daß kein Völlegefühl entsteht, das den Sport behindert. Es empfiehlt sich daher besonders vor dem Training oder während des Trainings bzw. Wettkampfs.

Dauer der Zubereitung 5 Minuten

Tip:

Super-Muskelaufbau-Drink

Zutaten	g	E	KH	F	kJ	kcal
0,4 l Milch (1,5 % F)	400	13,6	19,6	6	789,6	188
3 EL MULTIKRAFT TOP FORMEL 90	30	27	0,2	0,3	473	111
Gesamt		**40,6**	**19,8**	**6,3**	**1262,6**	**299**

Zubereitung

TOP FORMEL 90 Muskelaufbaukonzentrat mit mindestens 90 % rein tierischem Eiweiß und aufgeschlossenem kollagenem Eiweiß zur Stärkung des Bindegewebes und der Gelenke, angereichert mit Vitaminen und Mineralstoffen.

Dauer der Zubereitung 5 Minuten

Tip:

Aufbau-Drink

Zutaten	g	E	KH	F	kJ	kcal
0,4 l Milch (1,5 % F)	400	13,6	19,6	6	789,6	188
3-4 gehäufte EL MULTIKRAFT WEIGHT GAIN	75	15,75	45	5,25	1277,3	301
Gesamt		**29,35**	**64,6**	**11,25**	**2066,9**	**489**

Zubereitung

WEIGHT GAIN Kohlenhydrat-Protein-Mischung zum schnellen Aufbau sportlich aktiver Körpermasse, angereichert mit Fett in Form von leichtverdaulichen, mittelkettigen Triglyceriden (MCT) sowie Vitaminen und Mineralstoffen.

In den Geschmacksrichtungen:

- Banane
- Kakao-Honig
- Erdbeer-Sahne
- Apfel-Sahne

Dauer der Zubereitung 5 Minuten

Tip: Das Aufbaugetränk schmeckt auch sehr gut, wenn man die Geschmacksrichtungen Erdbeer-Sahne und Apfel-Sahne mischt.

Energie-Drink

Zutaten	g	E	KH	F	kJ	kcal
0,4 l Orangensaft, ungesüßt	400	2,8	44	0,8	823,2	196
4 EL MULTIKRAFT MULTI ENERGY	30	–	27,6	–	469,2	110
Gesamt		**2,8**	**71,6**	**0,8**	**1292,4**	**306**

Zubereitung

MULTI ENERGY: Komplexe Kohlenhydrate plus Mineralstoffe Magnesium und Kalium für ausgeglichen anhaltende Energie bei hartem Training zum Schutz der Muskulatur.

MULTI ENERGY kann auch in jeder anderen Flüssigkeit oder Nahrung eingenommen werden.

Dauer der Zubereitung 5 Minuten

Tip: Besonders empfehlenswert ist die Kombination von MULTI ENERGY mit FIT AKTIV HEAVY DUTY.

Trainings-Drink

Zutaten	g	E	KH	F	kJ	kcal
0,4 l Milch (1,5 % F)	400	13,6	19,6	6	789,6	188
2 EL MULTIKRAFT MULTI ENERGY	15	–	13,8	–	234,6	55
1 EL MULTIKRAFT FORMEL L HIMBEERE	15	9,5	2,7	0,9	243,6	57
Gesamt		**23,1**	**36,1**	**6,9**	**1267,8**	**300**

Zubereitung

Dauer der Zubereitung 5 Minuten

Tip: Als Energie- und Muskelaufbaugetränk während des Trainings.

Diät-Drink

Zutaten	g	E	KH	F	kJ	kcal
3 gehäufte Meßlöffel MULTI-KRAFT DIET FORM DRINK mit 200 ml Wasser	35	10,2	18,2	2,3	569,8	134
Gesamt		**10,2**	**18,2**	**2,3**	**569,8**	**134**

Zubereitung

DIET FORM DRINK fördert und erleichtert die Verdauung, hat wenig Kalorien und führt dem Körper lebenswichtige Nährstoffe wie Eiweiß, wertvolle Kohlenhydrate, ungesättigte Fettsäuren, Vitamine und Mineralstoffe zu.

In den Geschmacksrichtungen:

– Ananas

- Erdbeer-Papaya

– Schoko

Dauer der Zubereitung 5 Minuten

Tip:

Diät-Creme

Zutaten	g	E	KH	F	kJ	kcal
4 gehäufte Meßlöffel MULTI-KRAFT DIET FORM CREME mit 200 ml Wasser	40	10	18,4	2,4	587	138
Gesamt		**10**	**18,4**	**2,4**	**587**	**138**

Zubereitung

DIET FORM CREME fördert und erleichtert die Verdauung, hat wenig Kalorien und führt dem Körper lebenswichtige Nährstoffe wie Eiweiß, wertvolle Kohlenhydrate, ungesättigte Fettsäuren, Vitamine und Mineralstoffe zu.

In den Geschmacksrichtungen:

- Pflaume
- Vanille

Dauer der Zubereitung 5 Minuten

Tip:

Dirks Aufbaudrink

Zutaten	g	E	KH	F	kJ	kcal
10 EL Haferflocken	100	13,8	61,2	7	1524,6	363
1/4 l Milch (1,5 % F)	250	8,5	12,3	3,8	495,6	118
1/4 l Orangensaft, ungesüßt	250	1,8	27,5	0,5	516,6	123
3 EL MULTIKRAFT TOP FORMEL 90	30	27	0,2	0,3	474	112
Gesamt		**51,1**	**101,2**	**11,6**	**3010,8**	**716**

Zubereitung

Alle Zutaten im Mixer verrühren.

Dauer der Zubereitung 10 Minuten

Tip:

Lactalbumin-Obst-Drink

Zutaten	g	E	KH	F	kJ	kcal
0,4 l Orangensaft	400	2,8	44	0,8	823,2	196
2 EL MULTIKRAFT FORMEL L HIMBEERE	30	18,9	5,4	1,8	487,2	115
Gesamt		**21,7**	**49,4**	**2,6**	**1310,4**	**311**

Zubereitung

Alle Zutaten im Mixer verrühren.

Dauer der Zubereitung 5 Minuten

Tip:

Eiweiß-Drink Pfirsich Melba

Zutaten	g	E	KH	F	kJ	kcal
0,4 l Milch (1,5 % F)	400	13,6	19,6	6	789,6	188
2 EL MULTIKRAFT FORMEL L HIMBEERE	30	18,9	5,4	1,8	487,2	115
1 Pfirsich	150	1	13	0,2	247,8	59
Gesamt		**33,5**	**38**	**8**	**1520,4**	**362**

Zubereitung

Den Pfirsich vom Stein lösen, in grobe Stücke schneiden und mit etwas Milch im Mixer pürieren. Dann die restliche Milch und die beiden Eßlöffel MULTIKRAFT FORMEL L zugeben und noch einmal kräftig durchmixen.

Dauer der Zubereitung 10 Minuten

Tip:

TRAINIEREN IM SPORTSTUDIO

Auch wenn es heute schon Sportgeräte gibt, die Ihnen etwas anderes versprechen: Um fit zu werden, müssen Sie sich selbst bewegen. Das allein reicht allerdings auch nicht aus, denn sonst müßte jede Hausfrau bereits durch Moppen, Wischen, Staubsaugen und Fensterputzen topfit sein. – Sich bewegen ist eben noch kein Fitneßtraining. Training ist vielmehr ein geplanter Prozeß, der medizinisch-biologischen Regeln unterliegt. Nur wer diese Regeln kennt, erreicht die gewünschten Anpassungen des Organismus, sei es die Straffung und Kräftigung des Muskels, Muskelwachstum oder aber Ausdauerverbesserungen und Gewichtsabnahme. Gleichgültig also, ob Sie Fitneß betreiben oder Mr. Olympia werden wollen, ob Ihr Muskel aufgebaut oder nur straffer werden soll, dieses aktuelle, locker geschriebene und leicht verständliche Sportfachbuch beantwortet alle Trainings- und Ernährungsfragen aus dem allgemeinen Fitneßbereich bis zum Leistungssport. „Trainieren im Sportstudio“ ist gedacht als ein verläßlicher Begleiter für jeden Trainierenden, vom ersten Gang ins Studio bis hin zum selbstgesteckten Ziel.

ISBN-3-928148-02-8, Preis 45,– DM, 288 Seiten, 121 Fotos, 41 Abb., 28 Tabellen

Süßspeisen + Getränke

S. 277 - 313

Kernobst

Zutaten	g	E	KH	F	kJ	kcal
1 Apfel, mittelgroß	150	0,3	16	0,9	315	**75**
1 Birne, mittelgroß	150	0,9	15	0,6	289,8	**69**

Zubereitung

Dauer der Zubereitung **Minuten**

Tip:

Steinobst

Zutaten	g	E	KH	F	kJ	kcal
1 Aprikose	50	0,5	5,2	0,1	100,8	**24**
Kirschen, süß	125	1,4	15,9	0,5	310,8	**74**
Kirschen, sauer	125	1,4	13,1	0,5	264,6	**63**
Mirabellen	125	0,9	19,4	0,3	352,8	**84**
1 Pfirsich	150	1	13	0,2	247,8	**59**
Pflaumen	125	0,8	14,9	0,1	268,8	**64**
Reineclauden	125	1	16,9	*	298,2	**71**
1 Nektarine	125	1,1	15,5	*	277,2	**66**

Zubereitung

Dauer der Zubereitung **Minuten**

Tip:

Citrusfrüchte

Zutaten	g	E	KH	F	kJ	kcal
1/2 Grapefruit (Pampelmuse)	125	0,8	12,2	0,2	226,8	**54**
1 Limone	60	0,5	4,8	0,3	100,8	**24**
1 Mandarine, Clementine, Satsuma	40	0,2	4	0,1	75,6	**18**
1 Orange, mittelgroß	150	1,5	14,3	0,3	277,2	**66**
1 Zitrone	80	0,7	6,4	0,4	134,4	**32**

Zubereitung

Dauer der Zubereitung **Minuten**

Tip:

Beeren

Zutaten	g	E	KH	F	kJ	kcal
Brombeeren	125	1,5	10,9	1,3	256,2	**61**
Erdbeeren	125	1	7,9	0,6	172,2	**41**
Heidelbeeren	125	0,9	24,5	0,8	457,8	**109**
Himbeeren	125	1,6	7,2	0,5	168	**40**
Johannisbeeren, rot	125	1,4	9,9	0,3	201,6	**48**
Johannisbeeren, schwarz	125	1,9	12,9	0,3	256,2	**61**
Stachelbeeren	125	1	13	0,3	247,8	**59**
Weintrauben, Weinbeeren	125	0,9	21,1	0,4	382,2	**91**

Zubereitung

Dauer der Zubereitung **Minuten**

Tip:

Exotische Früchte

Zutaten	g	E	KH	F	kJ	kcal
1/4 Ananas, geschält	125	0,5	16,9	0,3	302,4	**72**
1 Avocado	200	3,8	1,8	47	1873,2	**446**
1 Banane, mittelgroß	125	1,4	24	0,3	424,2	**101**
1 Dattel, getrocknet	10	0,2	6,5	+	113,4	**27**
1 Feige, getrocknet	20	0,8	10,8	0,3	205,8	**49**
1 Granatapfel, klein	125	0,3	14,5	*	252	**60**
1 Guave, klein	125	1	16	+	294	**70**
1 Kakifrucht, mittelgroß	250	1,5	41,2	0,8	747,6	**178**
1 Kaktusfeige, mittelgroß	100	0,8	12	0,7	243,6	**58**
1 Kiwi	85	1	9	+	168	**40**
1 Litchi	20	0,2	3,4	+	63	**15**
1/2 Mango, klein	125	0,6	16	0,4	294	**70**
1 Passionsfrucht, Maracuja	40	1,1	5,4	0,2	109,2	**26**

Zubereitung

Dauer der Zubereitung **Minuten**

Tip:

Obstquark

Zutaten	g	E	KH	F	kJ	kcal
1/2 Topf Magerquark	125	16,9	5	0,4	382,2	91
1 Birne	150	0,9	15	0,6	289,8	69
1/8 l fettarme Milch (1,5 % F)	125	4,3	6,1	1,9	247,8	59
Süßstoff, eventuell Zimt und/oder abgeriebene Zitronenschale						
Gesamt		**22,1**	**26,1**	**2,9**	**919,8**	**219**

Zubereitung

Den Quark mit der Milch glattrühren. Mit Süßstoff süßen und eventuell mit einer abgeriebenen Zitronenschale und/oder Zimt abschmecken. Die Birne waschen und in kleine Stücke schneiden. Zum Quark geben. Ziehen lassen.

Dauer der Zubereitung 10 Minuten

Tip:

Ernies Erdbeerquark

Zutaten	g	E	KH	F	kJ	kcal
1/2 Topf Magerquark	125	16,9	5	0,4	382,2	91
1/8 l fettarme Milch (1,5 % F)	125	4,3	6,1	1,9	247,8	59
Süßstoff, frischgemahlener Pfeffer						
1 kl. Schale Erdbeeren	250	2	15,8	1,3	348,6	83
Gesamt		**23,2**	**26,9**	**3,6**	**978,6**	**233**

Zubereitung

Den Quark mit der Milch glattrühren. Mit Süßstoff süßen und mit Pfeffer pikant abschmecken. Die Erdbeeren waschen, putzen und halbieren. In einer Schale anrichten und mit dem Quark überziehen. 30 Minuten kühl stellen und ziehen lassen.

Dauer der Zubereitung 10 Minuten

Tip:

Westfälische Quarkspeise

Zutaten	g	E	KH	F	kJ	kcal
1/2 Topf Magerquark	125	16,9	5	0,4	382,2	91
1/8 l fettarme Milch (1,5 % F)	125	4,3	6,1	1,9	247,8	59
1 Päckchen Vanillezucker	8	–	8	–	134,4	32
eventuell Süßstoff						
1 Scheibe Pumpernickel	40	2	17,2	0,4	336	80
1 Schnapsglas Rum (40 %)	2 cl = 20 g		8 g Alkohol		239,4	57
3 EL Preiselbeeren (Glas)	75	0,4	33,3	0,2	575,4	137
Gesamt		**23,6**	**69,6**	**2,9**	**1915,2**	**456**

Zubereitung

Den Quark mit der Milch glattrühren und mit Vanillezucker und eventuell Süßstoff süßen. Das Pumpernickel zerbröseln und mit dem Rum beträufeln. Ziehen lassen. Pumpernickel, Quark und Preiselbeeren in ein Glas oder eine Glasschale schichten.

Dauer der Zubereitung 15 Minuten

Tip:

Quark-Auflauf

Zutaten	g	E	KH	F	kJ	kcal
1 Apfel	150	+	16	1	306,6	73
Zitronensaft, Zimt						
1/2 Topf Magerquark	125	17	5	0,5	390,6	93
1 Ei	60	7	+	6	344,4	82
1 gestrichener EL Stärkemehl	15	+	13	+	210	50
2 EL Rosinen	30	0,7	19,2	+	336	80
Süßstoff						
Gesamt		**24,7**	**53,2**	**7,5**	**1587,6**	**378**

Zubereitung

Die Rosinen waschen und in heißem Wasser quellen lassen. Den Apfel schälen, entkernen, in dünne Spalten schneiden und in eine beschichtete Auflaufform legen. Mit Zitronensaft beträufeln und mit Zimt bestreuen. Das Stärkemehl mit dem Ei verquirlen und mit dem Quark gründlich verrühren. Die mit Küchenkreppe getrockneten Rosinen unterheben und mit Süßstoff süßen. Die Quarkmasse über die Äpfel geben und im vorgeheizten Ofen bei 200 °C 30 Minuten backen.

Dauer der Zubereitung 45 Minuten

Tip:

Quarkplinsen

Zutaten	g	E	KH	F	kJ	kcal
1/2 Topf Magerquark	125	17	5	0,5	390,6	93
1 Ei	60	7	+	6	344,4	82
1 gestrichener EL Mehl	20	2	14,5	+	285,6	68
Süßstoff, abgeriebene Zitronenschale						
1 TL Butter	5	+	+	4	159,6	38
		26	**19,5**	**10,5**	**1180,2**	**281**
Dazu:						
1/2 Glas Heidelbeeren	125	1	23	0,6	428,4	102
Gesamt		**27**	**42,5**	**11,1**	**1608,6**	**383**

Zubereitung

Das Ei mit dem Mehl verquirlen und mit dem Quark glattrühren. Mit Süßstoff und Zitronenschale würzen. Die Butter in einer beschichteten Pfanne zerlassen und darin dünne Plinsen (kleine Pfannkuchen) backen. Mit den Heidelbeeren servieren.

Dauer der Zubereitung 30 Minuten

Tip:

Bratapfel

Zutaten	g	E	KH	F	kJ	kcal
1 großer Apfel (am besten Boskop oder Cox Orange)	150	0,3	16,4	0,9	315	75
1 TL Honig	10	+	8,1	–	138,6	33
1/2 Päckchen Vanillezucker	4	–	4	–	67,2	16
1 TL Butter	5	+	+	4	151,2	36
Zimt						
Gesamt		**0,3**	**28,5**	**4,9**	**672**	**160**

Zubereitung

Den Apfel waschen und das Kerngehäuse ausstechen. Das Loch von unten mit 1/2 TL Butter verschließen, den Apfel mit dem Honig, dem Vanillezucker und nach Geschmack mit Zimt füllen. In eine feuerfeste Form setzen, die restliche Butter in den Apfel geben und im vorgeheizten Ofen bei 175 °C ca. 40 Minuten backen. Die genaue Backzeit ist von der Apfelsorte abhängig. Daher öfter einmal nachschauen, damit der Apfel nicht zerfällt.

Dauer der Zubereitung 50 Minuten

Tip:

Gegrillter Bananen-Spieß

Zutaten	g	E	KH	F	kJ	kcal
1 Banane	125	1,4	23,5	0,3	424,2	101
1 EL flüssiger Honig	20	0,1	16,2	–	273	65
1 EL gehackte Mandeln	12,5	2,4	1,2	6,8	315	75
Gesamt		**3,9**	**40,9**	**7,1**	**1012,2**	**241**

Zubereitung

Banane schälen und in 2 bis 3 cm große Würfel schneiden. Die Würfel auf einen Spieß stecken und mit dem Honig bestreichen. In den Mandeln wenden und den Bananen-Spieß ca. 5 Minuten von allen Seiten grillen.

Dauer der Zubereitung 10 Minuten

Tip:

Grießbrei

Zutaten	g	E	KH	F	kJ	kcal
1/2 l Milch (1,5 % F)	500	17	24,5	7,5	987	235
3 EL Grieß	60	6,5	40,8	0,6	819	195
1 Stück Vanilleschote						
1 Prise Salz, Süßstoff						
Gesamt		**23,5**	**65,3**	**8,1**	**1806**	**430**

Zubereitung

Die Milch mit dem Salz und der Vanilleschote zum Kochen bringen. Den Grieß unter Rühren einrieseln und ausquellen lassen. Mit Süßstoff abschmecken.

Dauer der Zubereitung 30 Minuten

Tip:

Studentenfutter

Zutaten	g	E	KH	F	kJ	kcal
2 Beutel Rosinen	500	11,5	320	2,5	5590	**1335**
1 Beutel Haselnüsse	125	16,3	13,3	76,3	3376,8	**804**
1 Beutel Cashewnüsse	125	21,5	36	52,5	2961	**705**
1 Beutel Mandeln	125	24	11,6	67,5	3145,8	**749**
Gesamt	**875**	**73,3**	**380,9**	**198,8**	**15073,6**	**3593**

Zubereitung

Dauer der Zubereitung **Minuten**

Tip:

Süßwaren i. D.

Zutaten	g	E	KH	F	kJ	kcal
Lakritz	50	+	30	+	525	**125**
Lakritzkonfekt	50	2	47	+	840	**200**
Marshmallow	7	+	6	–	105	**25**
Marzipan	100	8	64	18	1890	**450**
Negerkuß	20	+	13	2	294	**70**
Nougat	100	5	66	24	2100	**500**
Knickebein-Konfekt mit Schokolade	20	1	13	4	386,4	**92**
Süßes Popcorn, 1 Beutel	40	5	31	2	680,4	**162**
Schoko-Linsen	100	3	58	15	1591,8	**379**
Weingummi	100	10	80	–	1512	**360**

Zubereitung

Dauer der Zubereitung **Minuten**

Tip:

Schokolade pro Tafel i. D.

Zutaten	g	E	KH	F	kJ	kcal
Vollmilch	100	9	55	33	2331	**555**
Vollmilch-Nuß	100	8	49	37	2373	**565**
Halbbitter	100	5	55	30	2163	**515**
Mokka-Sahne	100	8	53	34	2310	**550**
Vollmilch-Nougat	100	6	58	39	2562	**610**
Traube-Nuß	100	6	54	29	2121	**505**
Vollmilch-Noisette	100	7	55	32	2268	**540**
Zartbitter-Marzipan	100	6	53	30	2142	**510**
Weiße Schokolade	100	4	57	31	2205	**525**

Zubereitung

Dauer der Zubereitung **Minuten**

Tip:

Keks und Knabberartikel

Zutaten	g	E	KH	F	kJ	kcal
Löffelbisquit	5	0,4	4,1	0,2	84	**20**
Doppelkeks mit Kakaocreme	25	1	17	6	525	**125**
Butterkeks	5	0,4	3,8	0,5	88,2	**21**
Nußgebäck	100	11	54	28	2142	**512**
Russisch Brot	100	6,6	88,2	1	1620	**388**
Vollkornkeks i. D.	100	10	55	20	1840	**440**
Kartoffelchips	100	5,5	40,5	39,4	2254	**539**
Salzstangen, Salzbrezeln	100	11	75	5	1626	**389**
Kräcker	5	0,5	3,5	0,7	96,6	**23**
Käsegebäck	50	5,5	23	19	1197	**285**
Erdnußflips	100	13	58	22	2025	**485**

Zubereitung

Dauer der Zubereitung **Minuten**

Tip:

Teilchen pro Stück i. D.

Zutaten	g	E	KH	F	kJ	kcal
Amerikaner		3	20	5	588	**140**
Apfeltasche (Blätterteig)		2	22	8	714	**170**
Berliner Pfannkuchen, Kräppel		3	25	11	882	**210**
Blätterteigstückchen		5	18	18	1071	**255**
Schmalzkrapfen (Doughnut)		4	25	25	1428	**340**
Hefestückchen mit Zuckerguß		3	20	4	546	**130**
Mohrenkopf		6	19	16	1029	**245**
Plunderstückchen		2	22	17	1050	**250**
Rosinenschnecke (Hefeteig)		4	23	7	714	**170**
Schweinsöhrchen		1	12	7	483	**115**

Zubereitung

Dauer der Zubereitung **Minuten**

Tip:

Kuchen pro Stück i. D.

Zutaten	g	E	KH	F	kJ	kcal
Apfelkuchen (Rührteig)	100	4	30	12	1029	**245**
Apfelstrudel	150	4	44	11	1218	**290**
Bienenstich	75	5	30	17	1239	**295**
Käsekuchen (Hefeteig) v. Blech	100	12	31	5	903	**215**
Kekskuchen (Kalte Schnauze)	40	3	18	18	1029	**245**
Königskuchen	70	4	36	11	1092	**260**
Marmorkuchen, Napfkuchen	70	5	33	13	1134	**270**
Mohnstreuselkuchen v. Blech	100	10	43	19	1617	**385**
Nußkuchen mit Schokolade	60	5	26	21	1323	**315**
Obstkuchen (Hefeteig) v. Blech	100	3	30	3	672	**160**
Streuselkuchen (Hefeteig) v. Blech	60	4	32	7	882	**210**
Zwiebelkuchen (Hefeteig) v. Blech	75	4	17	9	693	**165**

Zubereitung

Dauer der Zubereitung **Minuten**

Tip:

Torte pro Stück i. D.

Zutaten	g	E	KH	F	kJ	kcal
Buttercremetorte	120	4	38	25	1659	**395**
Frankfurter Kranz	55	3	28	18	1197	**285**
Käsesahnetorte	120	8	34	16	1323	**315**
Quarktorte (Mürbeteigboden)	100	19	37	8	1239	**295**
Sachertorte	85	6	37	20	1491	**355**
Schokoladen-Sahne-Torte	120	6	28	30	1701	**405**
Schwarzwälder-Kirsch-Torte	140	5	55	20	1764	**420**
Windbeutel		6	19	16	1029	**245**

Zubereitung

Dauer der Zubereitung **Minuten**

Tip:

Fruchtsäfte pro Glas (0,2 l)

Zutaten	g	E	KH	F	kJ	kcal
Ananassaft, ungesüßt		0,8	27	0,2	470,4	**112**
Apfelsaft, ungesüßt		0,2	23,4	+	394,8	**94**
Apfelsinensaft, frischgepreßt		1,4	21	0,4	394,8	**94**
Apfelsinensaft, ungesüßt		1,4	22	0,4	411,6	**98**
Aprikosen-Nektar (40 % Fruchtanteil)		0,6	28,8	0,2	504	**120**
Birnen-Nektar (40 % Fruchtanteil)		0,6	25,8	0,4	462	**110**
Grapefruitsaft, frischgepreßt		1,2	18	0,2	327,6	**78**
Grapefruitsaft, ungesüßt		1	22,6	0,2	403,2	**96**
Grapefruitsaft, gesüßt		1	27,4	0,2	487,2	**116**
Traubensaft		0,4	34,2	+	579,6	**138**

Zubereitung

Dauer der Zubereitung **Minuten**

Tip:

Gemüsesäfte pro Glas (0,2 l)

Zutaten	g	E	KH	F	kJ	kcal
Gemüsesaft		1	12,8	–	231	**55**
Karottensaft		+	12,8	+	218,4	**52**
Sauerkrautsaft		–	3,2	–	54,6	**13**
Selleriesaft		1	12,8	–	231	**55**
Tomatensaft		+	12,8	–	218,4	**52**

Zubereitung

Dauer der Zubereitung **Minuten**

Tip:

Alkoholfreie Getränke pro Glas (0,2 l)

Zutaten	g	E	KH	F	kJ	kcal
Cola		–	22	–	369,6	**88**
Limonade i. D.		–	24	–	403,2	**96**
Orangen-Fruchtsaftgetränk i. D.		–	24	–	403,2	**96**
Bitter Lemon		–	22	–	369,6	**88**
Ginger Ale		–	17	–	285,6	**68**
Tonic Water		–	14	–	235,2	**56**

Zubereitung

Dauer der Zubereitung **Minuten**

Tip: Alle diese Erfrischungsgetränke sind auch kalorienreduziert im Handel.

Alkoholfreie Getränke pro Tasse (1/8 l)

Zutaten	g	E	KH	F	kJ	kcal
Kaffee		–	–	–	0	**0**
Kaffee-Surrogat-Extrakt		+	1	–	16,8	**4**
Malzkaffee		+	1	+	25,2	**6**
Kräutertee (Pfefferminze, Hagebutte, Kamille, Fenchel etc.)		–	–	–	0	**0**
Schwarzer Tee		–	–	–	0	**0**
Mate Tee		–	–	–	0	**0**
Kakao (Milch 3,5 % F) i. D.		5	18	5	575,4	**137**
Kakaotrunk (Magermilch) i. D.		4,4	11,1	0,4	273	**65**
Trinkschokolade i. D.		5	17	9	709,8	**169**
Heiße Milch (1,5 % F) mit Honig (2 TL)		4,3	22,3	1,9	520,8	**124**

Zubereitung

Dauer der Zubereitung **Minuten**

Tip:

Zugaben zu Kaffee oder Tee

Zutaten	g	E	KH	F	kJ	kcal
1 KL Kondensmilch 2 % F		+	+	+	16,2	**4**
1 KL Kondensmilch 4 % F		+	+	+	21	**5**
1 KL Kondensmilch 7,5 % F		+	+	+	29,4	**7**
1 KL Kondensmilch 10 % F		+	1	+	37,8	**9**
1 Tassenpackung (7,5 g) Kondensmilch 10 % F		+	1	1	54,6	**13**
1 KL Kaffeesahne 12 % F		+	+	+	29,4	**7**
1 KL Kaffeesahne 15 % F		+	+	+	37,8	**9**
1 KL Schlagsahne, flüssig, mind. 28 % F		+	+	1	63	**15**
1 KL gezuckerte Kondensmilch		+	3	+	63	**15**
1 TL Zitronensaft		+	+	+	4,2	**1**
1 Stck. Würfelzucker, 3 g		–	3	–	50,4	**12**
1 KL Zucker, 8 g		–	8	–	134,4	**32**

Zubereitung

Dauer der Zubereitung **Minuten**

Tip:

Alkoholhaltige warme Getränke i. D.

Zutaten	g	E	KH	F	kJ	kcal
Irish Coffee	1/8 l	1	16	8	1134	**270**
Pharisäer	1/8 l	+	16	8	1113	**265**
Tee-Punsch	1/8 l	–	22	–	630	**150**
Tee mit Rum	1/8 l	–	30	–	630	**150**
Glühwein	0,2 l	–	17	–	714	**170**
Rotwein-Punsch	0,2 l	–	26	–	1197	**285**
Feuerzangen-Bowle	0,2 l	–	45	–	1344	**320**

Zubereitung

Dauer der Zubereitung **Minuten**

Tip:

Bier pro Glas (0,2 l)

Zutaten	g	E	KH	F	kJ	kcal
Alkoholfreies Bier (0,4°-0,6°)		0,6	*	*	235,2	**56**
Altbier		1	*	*	361,2	**86**
Bockbier, hell, untergärig		1,4	*	*	520,8	**124**
Diät-Vollbier		0,8	*	*	277,2	**66**
Doppelbockbier, dunkel		1,6	*	*	579,6	**138**
Einfachbier		0,2	2,5	*	84	**20**
Kölsch		0,8	*	*	352,8	**84**
Lagerbier (Vollbier), hell		1	*	*	361,2	**86**
Malzbier		0,8	*	*	403,2	**96**
Pilsener Lagerbier		1	*	*	361,2	**86**
Weizenvollbier, hefefrei		1	*	*	386,4	**92**
Weizenvollbier, hefehaltig		1	*	*	386,4	**92**

Zubereitung

Dauer der Zubereitung **Minuten**

Tip:

Wein pro Schoppen (0,2 l)

Zutaten	g	E	KH	A	kJ	kcal
Tafelwein, weiß		0,2	5	16	567	**135**
Qualitätswein, weiß		0,2	6	19,2	680,4	**162**
Qualitätswein, rot		0,2	1	19,2	596,4	**142**
Schaumwein pro Glas (0,1 l)						
Trockener Sekt, Champagner		–	1	10	315	**75**
Halbtrockener Sekt, Champagner		–	4	10	365,4	**87**
Süßer Sekt, Asti Spumante		–	9	11	478,8	**114**
Diabetiker Sekt		–	2	9	302,4	**72**

Zubereitung

Dauer der Zubereitung **Minuten**

Tip:

Südweine pro Glas (5 cl)

Zutaten	g	E	KH	A	kJ	kcal
Marsala		–	2	6	214,2	**51**
Portwein i. D.		–	3	8	289,8	**69**
Sherry, dry		–	2	8	273	**65**
Creamsherry		–	3	8	289,8	**69**
Tokayer		–	7	7	327,6	**78**
Wermut, trocken		–	5	6	264,6	**63**
Wermut, süß		–	7	7	327,6	**78**

Zubereitung

Dauer der Zubereitung **Minuten**

Tip:

Liköre pro Glas (2 cl)

Zutaten	g	E	KH	A	kJ	kcal
Anisette, 42 Vol.-%		–	4	8,4	319,2	**76**
Aprikosenlikör, 35 Vol.-%		–	6	7	310,8	**74**
Kirschlikör, 30 Vol.-%		–	4	6	247,8	**59**
Orangenlikör, 40 Vol.-%		–	6	8	340,2	**81**
Eierlikör, 20 Vol.-%		1	4	4	205,8	**49**
Kräuterlikör, 32 Vol.-%		–	4	6,4	260,4	**62**
Pfefferminzlikör, 30 Vol.-%		–	6	6	281,4	**67**
Likör i. D., 30 Vol.-%		–	6	6	281,4	**67**

Zubereitung

Dauer der Zubereitung **Minuten**

Tip:

Branntwein pro Glas (2 cl)

Zutaten	g	E	KH	A	kJ	kcal
mit 54 Vol.-% (z. B. Rum)		–	–	10,8	323,4	**77**
mit 45 Vol.-% (z. B. Obstbrände)		–	–	9	268,8	**64**
mit 43 Vol.-% (z. B. Whisky)		–	–	8,6	256,2	**61**
mit 42 Vol.-% (z. B. Aquavit)		–	–	8,4	252	**60**
mit 40 Vol.-% (z. B. Cognac)		–	–	8	239,4	**57**
mit 38 Vol.-% (z. B. Arrak)		–	–	7,6	226,8	**54**
mit 32 Vol.-% (z. B. Korn)		–	–	6,4	193,2	**46**

Zubereitung

Dauer der Zubereitung **Minuten**

Tip:

Joghurt-Cocktail

Zutaten	g	E	KH	F	kJ	kcal
1 Becher Joghurt (1,5 % F)	150	5,1	6,2	2,3	277,2	66
1 Nektarine	125	1,1	15,5	*	277,2	66
Süßstoff, Zitronensaft						
Gesamt		**6,2**	**21,7**	**2,3**	**554,4**	**132**

Zubereitung

Die Nektarine entsteinen. Im Mixer mit Süßstoff und Zitronensaft pürieren. Den Joghurt zugeben und alles noch einmal gut durchmixen. In einem Glas mit dickem Strohhalm servieren.

Dauer der Zubereitung 10 Minuten

Tip:

Bananenmilch mit Schuß

Zutaten	g	E	KH	F	kJ	kcal
1 kl. Banane	100	1,1	18,8	0,2	340,2	81
1 Glas fettarme Milch (1,5 % F)	200	6,8	9,8	3	394,8	94
Süßstoff						
1 Schnapsglas Eierlikör	20	1	4	*	205,8	49
Gesamt		**8,9**	**32,6**	**3,2**	**940,8**	**224**

Zubereitung

Die Banane schälen und mit den übrigen Zutaten im Mixer cremig-schaumig aufschlagen.

Dauer der Zubereitung 5 Minuten

Tip:

LITERATUR

Bredenkamp, A.; Hamm, M.: **Trainieren im Sportstudio**. Trainings- und Ernährungsgrundlagen für Fitneßsportler und Bodybuilder, Bünde 1990

Bredenkamp, A.: **Bodybuilding – Eiweiß/Anabolika.** Zur Effizienz von Eiweißpräparaten und anabolen Steroiden im Kraftsport, Bünde 1985, 8. überarbeitete und erweiterte Auflage 1990

Bredenkamp, A.: **Training und Ernährung**, Bünde 1988, 2. Auflage

Hamm, M.: **Fitness-Ernährung**, Hamburg 1990

Hamm, M.: **Euro-Asiatische Küche**, Weil der Stadt 1990

Hamm, M.: **Dick durch Diät?** Der neue Weg zum Wohlfühlgewicht, München 1988. (Die neue Auflage ist unter dem Titel **Schluß mit dem Diät-Streß**, München 1992 erhältlich.)

Sports Medicine, herausgegeben von R. H. Strauss, Philadelphia, London, Toronto, Rio de Janeiro, Sydney, Tokio 1984

Die Nährwertangaben erfolgten nach:

Die große GU-Nährwert-Tabelle. Kalorien/Joule- und Nährstoffgehalte unserer Lebensmittel, H. D. Cremer, München (Gräfe und Unzer) 1985, Neuausgabe 1986/87

Kalorien mundgerecht, herausgegeben von der Ernährungsberatung der Nestlé-Gruppe Deutschland, Frankfurt/Main (Umschau Verlag)

INDEX

C

D

E

F

G

H

I

J

K

S

T

V

W

Z

ÜBER DEN AUTOR

Andreas Bredenkamp (Jahrgang 1959)

Sportstudium an der Universität Münster mit den Schwerpunkten Trainingslehre und Sportmedizin. Im Bereich Sportmedizin galt sein besonderes Interesse der Ernährung von Hochleistungssportlern. Seine Staatsarbeit über Eiweißernährung und Anabolika ist zweisprachig veröffentlicht und wurde 1988 in die Datenbank des Bundesinstituts für Sportwissenschaft aufgenommen. Er entwickelte ein Trainings- und Ernährungsprogramm, das ihm 1984 zum Sieg beim Ostwestfalenpokal im Bodybuilding verhalf. Im gleichen Jahr wurde er Südwestdeutscher Meister, 1985 NRW-Landesmeister und Deutscher Vizemeister sowie Deutscher Meister 1986. Er ist tätig als Sportreferent, Buchautor und Verleger und schreibt Sportartikel auf freier Autorenbasis für mehrere Fachzeitschriften. Ferner arbeitet er als Dozent für Trainingslehre auf Fachseminaren des Deutschen Sportstudio Verbandes. Ehrenamtlich engagiert er sich als lizensierter Kampfrichter des NRW-Bodybuilding und Kraftsport Verbandes e.V.